Trendpflanzen
Stevia, Goji, Indianerbanane

Garten ZEIT

av BUCH

Monika und Peter Klock

Trendpflanzen
Stevia, Goji, Indianerbanane
Anbau, Ernte, Verwendung

Impressum

avBUCH im Cadmos Verlag
Copyright © 2011 by Cadmos Verlag, Schwarzenbek
Gestaltung: Ravenstein und Partner, Verden
Satz: Anja Lorenzato, Das Agenturhaus, München
Bildreproduktion: Hantsch und Jesch OeG, Wien
Lektorat: Redaktionsbüro Wolfgang Funke, Augsburg
Druck: Westermann Druck, Zwickau

Coverfoto: Peter Klock
Fotos im Innenteil:
  Marcus Bruns: Seite 18
  Lars Grossmann: Seite 10 u., 37 l., 36, 46
  Peggy Hesse-Sommer: Seite 24
  Monika Klock: Seite 6, 8, 10 o., 11 o., 11 u., 12, 13 o., 13 u., 14, 15 u.,
  16, 19, 20, 21, 22 o., 22 u., 23, 26, 28, 29, 30, 31, 32, 33, 34, 36, 38
  l., 38 r., 40, 41, 42 beide, 43, 47, 48 o., 48 u., 49 o., 49 u., 50, 51, 55
  o., 56 l., 58, 59, 61 o., 70 o., 72 o., 72 u., 73 o., 73 u., 74
  Peter Klock: Seite 2, 15 o., 17 , 25, 27, 37 r., 39 u., 44, 45, 52, 54 o.,
  54 u., 56 r., 57, 60, 61 u., 62 o.l., 62 u.l., 64, 65 o., 65 M., 65 u., 66,
  68 alle, 69, 71 l., 71 r.

Deutsche Nationalbibliothek – CIP-Einheitsaufnahme
Die Deutsche Nationalbibliothek verzeichnet diese Publikation in der
Deutschen Nationalbibliografie; detaillierte bibliografische Daten sind
im Internet über http://dnb.ddb.de abrufbar.

Sämtliche Informationen in diesem Buch wurden von den Autoren
sorgfältig und gewissenhaft zusammengetragen. Sie sollen den Leser
über das Thema informieren und sind zur Weiterbildung geeignet.
Werden Anwendungen vorgestellt, die in einem Staat nicht zulässig
sind, sollen sie Übungen in anderen Staaten zeigen. Autor und Verlag
übernehmen keinerlei Verantwortung oder Haftung für vermeintliche
oder wahre Schäden, die direkt oder indirekt durch Informationen aus
diesem Buch auftreten könnten.

Printed in Germany

ISBN: 978-3-8404-7904-5

Vorwort

In diesem Buch werden Pflanzen vorgestellt, die zunehmend im Gespräch sind und immer häufiger nachgefragt werden. Sie liegen im Trend! Noch vor wenigen Jahren interessierte sich kaum jemand für sie.

So galt die wärmeliebende südamerikanische Stevia als Exot, der höchstens in einem gut ausgestatteten Botanischen Garten zu finden war.

Oder die Gojibeere. Unter diesem Namen war sie bei uns eigentlich nicht bekannt – wenn jemand von dieser Pflanze sprach, dann vom giftigen Teufelszwirn oder der Wolfsbeere, einem dornigen Gewächs ohne großen Nutzen.

Und schließlich die Indianerbanane, als winterharte Obstpflanze erst seit Kurzem bei uns in aller Munde ...

Dieses Buch widmet sich der Kultur und Vermehrung dieser ungewöhnlichen und faszinierenden Pflanzen. Aber auch manches Wissenswerte sowie interessante Rezepte runden die Thematik ab und zeigen das Potential dieser wunderbaren Pflanzen die unsere Aufmerksamkeit zu Recht verdienen.

Monika und Peter Klock

Stevia –
Wunderpflanze aus Südamerika

Die vielseitige Gattung *Stevia*

Wer aus gesundheitlichen Gründen keinen Zucker oder keine zuckerhaltigen Produkte zu sich nehmen durfte oder wollte, musste bislang entweder auf Süßes verzichten, oder war gezwungen, auf künstliche Süßstoffe zurückzugreifen. Mit der Nutzung von Stevia kann sich vieles ändern: eigene Zuckerernte, unkomplizierte Haltbarmachung – und das praktisch völlig kalorienfrei. Ein nachwachsender wertvoller Rohstoff, sogar im eigenen Garten oder auf der Fensterbank anbaubar! Wenn im Folgenden von Stevia die Rede ist, ist damit explizit die Art *Stevia rebaudiana* gemeint und keine andere der sehr artenreichen Gattung.

Historisches

Stevia rebaudiana (Bertoni) Hemsl. ist der vollständige wissenschaftliche Name dieser Pflanze, die im deutschen Sprachraum auch einfach Zuckerpflanze genannt wird.
Der Name der Gattung *Stevia* ist abgeleitet vom latinisierten Familiennamen des spanischen Arztes P. J. Esteve, der im 16. Jahrhundert lebte. M. S. Bertoni, ein im 19. Jahrhundert aus dem Tessin nach Paraguay ausgewanderter Botaniker, untersuchte und beschrieb diese Pflanzenart erstmals im Jahre 1899, nachdem ihm Teile davon von Indianern übergeben wurden und sie von der extremen Süße berichteten. Der paraguayische Chemiker O. Rebaudi, ein Freund Bertonis, stellte wissenschaftliche Untersuchungen hinsichtlich der großen Süßkraft des Krautes an und entdeckte die beiden Hauptbestandteile, die dafür verantwortlich sind. Es handelt sich dabei um die unter den heutigen Bezeichnungen Steviosid und Rebaudiosid bekannten Substanzen.

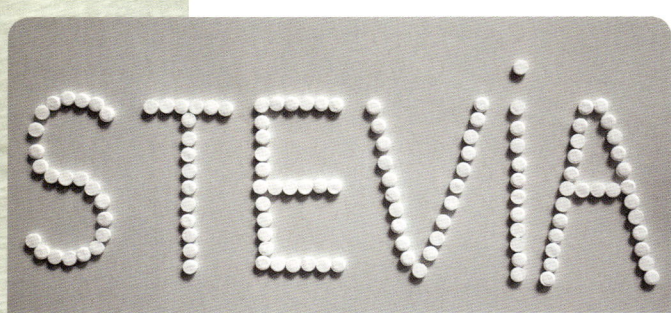

Kalorienfreie Stevia-Tabs

Bezeichnung der Pflanzenart in Klammern gesetzt, gefolgt von dem Kürzel des bis dato gültigen Beschreibers Hemsley: *Stevia rebaudiana* (Bertoni) Hemsl.

WICHTIG ZU WISSEN

In Südamerika, der Heimat der Pflanze, ist ihr aus der Guaranisprache stammender volkstümlicher Name Caá Hêê bzw. Kaá Heé, bei uns auch in verschiedenen Abwandlungen davon. Wegen ihrer Inhaltsstoffe ist Stevia bei uns als Süßkraut, Zuckerpflanze, Honigkraut oder Honigblatt bekannt.

Der heutige Name

Bertoni verlieh der Pflanze den Namen *Eupatorium rebaudianum* Bertoni. Allerdings war der englische Botaniker W. B. Hemsley (1843–1924) anderer Ansicht. Er veröffentlichte im Jahre 1906 eine Überarbeitung der Beschreibung von Bertoni, die weltweit anerkannt wurde und heute maßgebend ist. Seinen Untersuchungen zufolge war die Art der Gattung *Stevia* zuzuordnen und nicht der Gattung *Eupatorium*.

Da Bertoni der Erstbeschreiber ist, sein gewählter Artname jedoch keine Gültigkeit mehr hat, wird sein Autorenname den internationalen Regeln der wissenschaftlichen Nomenklatur folgend zur korrekten

Eine uralte Nutzpflanze der Indianer

Den Indianern Südamerikas ist Stevia seit Menschengedenken nicht nur als Süßstoff bekannt, sondern auch als wirkungsvolles Kraut in der Volksmedizin. Zudem wird Stevia dort gerne als praktisch kalorien- und kohlehydratfreies Süßungsmittel von Diabetikern verwendet, da es nicht die nachteiligen Wirkungen des dort sonst erhältlichen Rohrzuckers aufweist.

Konfektionieren getrockneter Steviablätter.

Steviatee aus frischen Blättern.

Stevia ist eine Alternative zu herkömmlichem Zucker und künstlichen Süßstoffen.

Besonders gerne wird das getrocknete und pulverisierte Steviapulver in Südamerika zum Süßen des leicht bitteren Matetees verwendet. In der Heimat der Stevia wird nicht groß über die Pflanze geredet, es gibt sie, und sie ist ein wertvolles Nahrungsmittel.

Stevia erobert die Welt

Die Süßkraft der Steviablätter ist seit langem bekannt. In vielen Teilen der Welt ist es selbstverständlich, sie zum Süßen auch verwenden zu dürfen.

In Japan wird die Pflanze in großem Stil angebaut, auch unter Glas. Einer der größten Steviaproduzenten weltweit ist die Volksrepublik China. Dort wird ein besonders reines Konzentrat ohne bitteren Nachgeschmack gewonnen, das vornehmlich in die USA exportiert wird.

In großen Teilen Zentral- und Südamerikas wird mit Stevia kalorienfrei gesüßt, ebenso in Israel, Thailand, Neuseeland, Australien und in der Schweiz. Ein großer Markt sind die USA. Hier enthalten viele "Light-Getränke" Stevia. Ebenso ist in Brasilien, Paraguay,

Korea und China sowie in weiteren Ländern das Süßen mit Stevia gang und gäbe, in Brasilien ist Stevia offiziell zur Verwendung bei Diabetes anerkannt. Sogar das EU-Land Frankreich hat im August 2009 per Dekret eine vorläufige Zulassung für Süßstoffe ausgesprochen, die aus *Stevia rebaudiana* gewonnen werden.

Konkurrenz oder Alternative: Herkömmlicher Zucker vs. Stevia?

Süßstoffe – gesünder als Zucker?

Zucker ist grundsätzlich genau so wenig ungesund, wie es der Verzehr von Obst und Gemüse ist. Zucker ist aber in die Schlagzeilen geraten, weil er billig ist und in großen Mengen verzehrt wird. Da Zucker nun einmal positiv auf die menschliche Psyche wirkt, ist und bleibt er ein bevorzugtes Lebensmittel, doch verursacht der übermäßige Verzehr bei Übergewichtigen, Diabetikern, unter Karies Leidenden und anderen Risikogruppen gesundheitliche Beeinträch-

> ## WICHTIG ZU WISSEN
> „Allein die Menge macht das Gift" sagte vor über 500 Jahren schon der berühmte Arzt Paracelsus.

tigungen. Insbesondere für diese Personengruppe kann Stevia eine Hilfe sein.

Die Süße gewinnen

Stevia unterscheidet sich von anderen Süßungsmitteln insbesondere dadurch, dass es praktisch keine Kohlenhydrate enthält. Unser wichtigster heimischer Zuckerlieferant, die Zuckerrübe, beinhaltet zwar etwa 18 % reinen Zucker, jedoch muss die Süße aus der Rübe erst einmal extrahiert werden – und das ist ein recht aufwendiger Prozess, jedenfalls dann, wenn man den Zucker kristallin vorliegen haben möchte.

Zucker ist überall

Auch die meisten Obstarten weisen eine gewisse Süße auf, selbst wenn sie wegen geschmacklicher Überlagerungen mit Säu-

Zucker in verschiedenen handelsüblichen Sorten und Körnungen.

Zuckerrübensirup enthält zwischen 40 und 60 % Zucker.

ren nicht immer wahrgenommen wird. Diese Süße ist in Form von Stärke gespeichert, einem Kohlenhydrat, bei dem die Moleküle lange Ketten bilden. Aus diesem Grund wird sie auch als Mehrfachzucker oder Polysaccharid bezeichnet. Zweifachzucker oder Disaccharide werden unter anderem gewonnen aus Zuckerrüben und Zuckerrohr. In reifen Früchten liegt die Stärke bereits in Glukose umgewandelt vor, einem Einfachzucker (Monosaccharid), auch besser bekannt als Traubenzucker.

Kristallzucker wird aus Zuckerrüben gewonnen.

Die Verarbeitung der Blätter

Es ist in aller Regel kein Problem, seinen Bedarf an Zucker selbst zu befriedigen. Dazu reichen bereits wenige Steviapflanzen im Garten oder im Pflanzkübel auf der Terrasse.

Tipp 1: Von Zweigen frisch abgestreifte Blätter werden kleingehackt und direkt zum Süßen verwendet. Oft reicht der Teil eines Blattes.

Tipp 2: Die abgestreiften Blätter werden getrocknet – z. B. 30 Minuten im offenen Backofen, der auf 70 °C vorgeheizt wurde, alternativ 1–3 Minuten in der Mikrowelle. Anschließend die Blätter in einem Mörser oder durch Reiben zwischen den Händen pulverisieren. Dieses Pulver kann nun in einem fest verschlossenen Glas jahrelang aufbewahrt und bei Bedarf zum Süßen verwendet werden.

Tipp 3: Eine konzentrierte wässrige Lösung erhält man durch langes in Wasser köcheln von Steviakraut, sodass ein großer Teil des Wassers verdampft. Die verbleibende Flüssigkeit nach dem Erkalten in Tropffläschchen, wie sie in Drogerien oder Apotheken erhältlich sind, abfüllen. So kann bei Bedarf mit einem kleinen Spritzer gesüßt werden. Die weitere Lagerung erfolgt im Kühlschrank, allerdings nur für eine begrenzte Zeit.

Tipp 4: Grünes Steviapulver (aus Tipp 2) in ein verschließbares Glas geben und mit 40–60 %igem Trinkalkohol (Ethanol) übergießen und zwei Tage stehen lassen. Anschließend wird durch ein Tuch abgeseiht und die verbleibende Flüssigkeit in Tropffläschchen abgefüllt. Die so gewonnene konzentrierte Lösung ist haltbar und nicht mehr auf Kühlschranklagerung angewiesen. Mit ihr kann jederzeit durch einen kleinen Spritzer gesüßt werden.

Steviosid, vielfach süßer als Zucker

Die starke Süßkraft der Steviapflanze geht zurück auf verschiedene chemische Substanzen. Die wichtigsten davon sind Steviosid (Summenformel $C_{38}H_{60}O_{18}$) und Rebaudiosid A. Diese Inhaltsstoffe werden allgemein als Stevioside bezeichnet. Sie haben eine bis zu 300-fach höhere Süßkraft als der übliche Kristallzucker. Steviosid wird in einem aufwendigen Verfahren gewonnen. Vom Prinzip her stellt sich der Ablauf folgendermaßen dar: Die getrockneten Blätter werden mit einem Lösungsmittel wie Alkohol extrahiert. Der so gewonnene Extrakt muss nun durch weitere Prozesse gereinigt und gefiltert werden und liegt am Ende als weißes Pulver vor. Eine anschließende weitere Bearbeitung ist jedoch erforderlich, um den unangenehmen, leicht bitteren oder an Lakritz erinnernden Nachgeschmack zu unterbinden. Nur das auf diese Weise geschmacksneutral hergestellte Süßungsmittel kann in nahezu allen Lebensmitteln einschließlich Getränken verwendet werden. Ein geeignetes, inzwischen patentiertes Verfahren wurde von dem Wissenschaftler Dr. Udo Kienle an der Universität Stuttgart-Hohenheim entwickelt.

Andere Süßstoffe

Verschiedene künstliche Süßstoffe sind für unterschiedliche Zwecke als Zusatzstoffe für Lebensmittel nach europäischen Vorschriften zugelassen. Sie gelten bei normaler Verwendung für den menschlichen Organismus als unbedenklich und besitzen eine sogenannte "E-Nummer", deren Nennung allerdings nicht in Verbindung mit sämtlichen Lebensmitteln erfolgen muss.

Stevia wird seit Jahrhunderten als Heilpflanze und Süßkraut verwendet.

Getrocknete Steviablätter – im Mörser pulverisiert.

Die Zulassung sagt zudem nichts über eine mögliche Auslösung von Allergien bei bestimmten Personengruppen aus.

Der älteste künstliche, noch heute verwendete Süßstoff ist das von dem deutschen Chemiker Fahlberg geschaffene Saccharin. Es kam erstmals im Jahre 1885 in den Handel. Bereits um 1900 machte es der Zuckerindustrie eine so starke Konkurrenz, dass sie es in vielen Ländern durchsetzte, Saccharin nur noch auf Rezept in Apotheken abzugeben.

Stevia – typische Blattform

Name des Süßstoffes	E-Nummer	Süßkraft gegenüber Saccharose	ADI-Wert* in mg/kg/Tag
Acesulfam	E 950	bis 200	9
Aspartam	E 951	200	40
Cyclamat	E 952	bis 50	7
Neotam	E 961	bis 13000	2
Neohesperidin	E 959	bis 600	5
Saccharin	E 954	bis 500	5
Steviosid		bis 300	4**
Sucralose	E 955	600	15
Thaumatin	E 957	bis 3000	–

* Der ADI-Wert (Acceptable Daily Intake) besagt, wie viel des Stoffes, bezogen auf ein Kilogramm Körpergewicht, lebenslang täglich ohne Gesundheitsbedenken aufgenommen werden kann. Er soll nicht angewendet werden bei Kindern, Erkrankten, Schwangeren oder älteren Menschen. Allerdings werden die Höchstmengen zumeist nicht erreicht, weil sonst extrem große Mengen entsprechender Lebensmittel verzehrt werden müssten.

** In 2008 festgelegt von der FAO/WHO bei ihrem 69. Treffen.

Handelsüblicher Steviosid-Extrakt, extrahiert aus den Blättern der *Stevia rebaudiana*.

Gesundheitliche Bedenken

Nach aktuell vorliegenden Erkenntnissen ist eine Gefährdung der Gesundheit durch das Süßen mit Steviosid nicht zu befürchten. Anderenfalls hätte die Weltgesundheitsorganisation (WHO) diesem Süßungsmittel keinen ADI-Wert gegeben, der die Unbedenklichkeit des Stoffes innerhalb bestimmter Aufnahmemengen bescheinigt. Diese Mengen werden zudem praktisch kaum erreicht.

Wichtiger Hinweis

In diesem Buch finden Sie Rezepte von Speisen und Getränken, für die Produkte der beschriebenen, noch seltenen Pflanzen, verwendet werden. Allergiker sollten sich vor dem Verzehr bei ihrem Arzt nach der individuellen Verträglichkeit erkundigen.
Solange Süßungsmittel aus Stevia nicht zugelassen sind, gelten die betreffenden Rezepte nicht für Zubereitungen innerhalb der EU.
Stevia-Süßungsmittel sind zudem in unterschiedlichen Zubereitungsformen und Konzentrationen im Handel, daher ist auch deren Süßkraft unterschiedlich. Die Mengenangaben des Süßungsmittels in den Rezepten sind als Anhaltspunkt zu betrachten. Jeder sollte die exakte Menge für sich selbst ermitteln.

Der lange Weg der Bürokratie

Zufälligerweise fällt Stevia unter die Novel-Food-Verordnung vom 27. Januar 1997, weil die Pflanzenart vor dem Stichtag nicht in nennenswertem Umfang zum Verzehr in den Handel gebracht wurde.
Lebensmittel bzw. Lebensmittelzusatzstoffe dürfen in der EU nur dann in den Handel gebracht werden, wenn sie ein Zulassungsverfahren erfolgreich bestanden haben und als gesundheitlich unbedenklich eingestuft werden. Über die Unbedenklichkeit des aus

Stevia gewonnenen Süßungsmittels liegen inzwischen sehr viele Untersuchungen mit unterschiedlichen Ergebnissen vor, die allerdings stets zur Ablehnung einer Zulassung geführt haben – trotz langjähriger weltweit positiver Erfahrungen mit Stevia. Eine erfolgreiche Lobbyarbeit interessierter Kreise könnte eine Zulassung hinausgezögert haben, so wird gemunkelt. Man erinnere sich nur an das Saccharinverbot zu Beginn des vergangenen Jahrhunderts.

IMMER MIT DER
RUHE

Stevia darf bereits jetzt verwendet werden, nämlich als Zusatz in Zahnpasta, in der Haut- und Körperpflege, als Badezusatz, als Tierfutter usw.

Zahnpasta mit Steviasüße.

Stevia vor der Zulassung

Der aus Stevia gewonnene Süßstoff wurde am 14. April 2010 von der Europäischen Behörde für Lebensmittelsicherheit als unbedenklich eingestuft. Aus diesem Grund wird eine offizielle Zulassung durch die EU in absehbarer Zeit erwartet.
Viele Unternehmen stehen deshalb bereits in den Startlöchern, um ihre mit Stevia ge-

süßten Produkte nach dem Ja der EU sofort in den Markt katapultieren zu können. In Deutschland wurden bereits Joghurtbecher-Umkleber entworfen, auf denen Stevia als Süßungsmittel angegeben ist. Coca Cola hat bereits über 20 Patente auf Steviaprodukte angemeldet – die Pflanze selbst kann nicht durch Patent geschützt werden – und in den USA gibt es bereits das erste steviagesüßte Softdrink-Produkt namens „Green Sprite". In Frankreich verkauft der Lebensmittelkonzern Danone bereits einen Joghurt, der mit Stevia gesüßt ist. Ein gigantisches Geschäft steht in Aussicht.

WICHTIG ZU WISSEN

Ist Stevia erst einmal offiziell zugelassen, braucht der Süßstoff nicht mehr offiziell als Zusatz zu Kosmetika usw. ausgewiesen zu werden, um ihn nach dem Erwerb "zweckentfremdet" zum Süßen zu verwenden.

Die Heimat von Stevia

Die Steviapflanze (*Stevia rebaudiana* (Bertoni) Hemsl.) stammt aus dem südlichen Südamerika, wo ein semihumid-subtropisches Klima vorherrscht. Dort gedeiht sie in Höhenlagen um 500–700 m in leicht saurem, sandig tonigem Boden. Die Art gehört zur Familie der Asterngewächse (Asteraceae). Zur selben Gattung zählen u. a. der bei uns bekannte Löwenzahn *(Taraxacum officinale)*, die Aster *(Aster* spec.), die Schafgarbe *(Achillea* spec.) und die Ringelblume *(Calendula officinalis)*. Die mehrjährige (perenne), krautig wachsende, nicht frostharte Pflanze erreicht in ihrer Heimat eine Höhe von 50–100 cm. Die gegenständig sitzenden Laubblätter erreichen eine Länge von bis zu 3 cm. Ihre kleinen weißen Blüten wachsen endständig in Trugdolden. Stevia ist eine Kurztagspflanze, was sich auf die Blütenbildung bezieht. Die Bestäubung erfolgt überwiegend durch

In der Schweiz sind zahlreiche Produkte mit Stevia als Süßstoff erhältlich.

Stevia bildet reichlich Blattmasse, wenn die Kulturbedingungen stimmen.

den Wind. Wegen der Selbststerilität liegt die Keimquote der Samen jedoch bei nur 10 %. Aus diesem Grund kann von geklonten Pflanzen kein keimfähiges Saatgut gewonnen werden, wenn die Pflanzen von einer Mutterpflanze abstammen.

Arten und Sorten

Von der Gattung *Stevia* sind etwa 240 Arten bekannt, die überwiegend auf dem amerikanischen Kontinent – vom westlichen Nordamerika bis Südamerika – heimisch sind. Die Wuchsform der Arten unterscheidet sich von klein bis über 1 m groß, von krautig bis strauchartig. Die hervorragende Süße der Art *Stevia rebaudiana* erreicht jedoch keine andere Art. Daher sind die anderen Arten lediglich von botanischem Interesse.

Weitere Steviaarten:

S. eupatoria, S. ovata, S. parvifolia, S. salicifolia, S. serrata

Die Inhaltsstoffe der Steviapflanze sind in verschiedenen kultivierten Sorten unterschiedlich zusammengesetzt. Um einen besonders wirtschaftlichen Anbau zu gewährleisten, wurden und werden noch immer Forschungsvorhaben durchgeführt. Mit der Zeit sind so Selektionen entstanden, von denen sich einige besonders im Feldanbau bewährt haben.

Kriterium Süßkraft

Einen besonders hohen Gehalt an Steviosid weisen die Selektionen 'Zhesheng' (13,11 %), 'Yunri' (13,08 %) und 'Yunbin' (12,55 %) auf. Ebenso wichtig bei der Pflanzenauswahl für den Anbau von Stevia ist auch der Gehalt an Rebaudiosid-A. Hier besteht nach Shinzen (1995) folgende Reihenfolge innerhalb der bekannten Selektionen: 'Yunbin' (6,26 %), 'Yunri' (6,23 %) und 'Minpu' (5,61 %). Den höchsten Süßstoff-Gesamtanteil weist 'Yunri' mit 20,45 % auf.

In Belgien hat der Biologe Professor Jan Geuns eine besonders süße Varietät selektiert, die er 'Steppa' genannt hat. Der Süßstoff-Anteil bei dieser Selektion liegt bei 15 %. Einem Zulassungsantrag bei den zuständigen Behörden war allerdings kein Erfolg beschieden. Vielmehr wurde es verboten, Pulver bzw. aus der Pflanze gewonnene Süßstoffe in den Handel zu bringen. Hingegen darf diese Varietät, wie andere Steviapflanzen auch, als Zierpflanze verkauft werden.

Stevia-Anbau weltweit

Stevia ist einfach zu kultivieren, obwohl sie in den Subtropen heimisch ist und keinen Frost verträgt. Der im Grunde problemlose Anbau ist darin begründet, dass die Pflanze einjährig gehalten werden kann. In Mitteleuropa lässt sie sich während der frostfreien Zeit im Sommer im Freien kultivieren. Auch die Kultur unter Glas oder unter Folie ist möglich. Einen guten Ertrag unter Ausnutzung der vorhandenen Fläche lässt sich bei Reihenpflanzung mit einem Pflanzenabstand von 20 oder 30 cm erzielen. Die Reihen haben dabei einen Abstand

Samenstand von *Stevia rebaudiana*

von 50 cm. Werden Maschinen zur Pflege und Ernte der Kulturen eingesetzt, muss der Reihenabstand entsprechend angepasst werden.

Sehr gute Anbaubedingungen bieten Südspanien und die Kanarischen Inseln, wo sich Stevia bereits versuchsweise in Kultur befindet, sowie weitere Mittelmeeranrainerstaaten. Hier können die Pflanzen ganzjährig im Freien kultiviert werden.

Die größten Steviakulturen der Welt befinden sich aber zurzeit in China, Japan und natürlich Südamerika.

Anbau bei uns

Die Steviapflanze ist hinsichtlich ihrer Ansprüche an den Boden und an die klimatischen Verhältnisse sehr anpassungsfähig. Allerdings bestehen Grenzen, innerhalb derer sich die Kultur bewegen sollte. So stammt die Art aus dem Gebiet in Paraguay, das im Osten an Brasilien, im Süden an Argentinien und im Nordosten an Bolivien grenzt. Auch in den betreffenden Regionen dieser angrenzenden Staaten ist Stevia wildwachsend anzutreffen. Hier am südlichen Wendekreis herrscht überwiegend tropisches Klima. Stevia ist dort vornehmlich in höheren Lagen mit subtropischem Klima heimisch.

Es stellt kein großes Problem dar, aus den Tropen oder Subtropen kommende Pflanzen auch in unseren Breiten mit gemäßigtem Klima erfolgreich anzubauen. Als Beispiele seien hier nur die Tomate und die Kartoffel genannt, die beide aus Südamerika stammen. Dort stellen sie ausdauernde Pflanzen dar. Bei uns hingegen werden sie einjährig gezogen, weil unsere kalten Winter die Pflanzen absterben lassen würden. So werden die sich im Laufe der Zeit bildenden Speicherorgane der Kartoffelpflanze, die Kartoffeln, zum Überwintern aus dem Boden genommen und frostfrei verwahrt; von der Tomate werden die Samen geerntet, die dann im Folgejahr wieder ausgesät werden. Übrigens könnten Tomaten auch sortenecht durch bewur-

Kurztagspflanze Stevia: Blüten

zelte Stecklinge überwintert werden, aber dieses aufwendigere Verfahren lohnt sich nicht, weil sie aus Samen angezogen in der Regel ebenfalls sortenecht fallen.

> ## WICHTIG ZU WISSEN
>
> Weil Stevia im Grunde überall kultiviert werden kann, könnte die Zulassung als Süßungsmittel erhebliche Auswirkungen auf das Kaufverhalten der Menschen mit sich bringen.

Stevia im Garten

Auch die Stevia ist eine ausdauernde Pflanze. Sie bildet allerdings keine typischen Speicherorgane wie die Kartoffel die überwintert werden könnten, und auch keine keimfähigen Samen, aus denen im nächsten Jahr eine neue Pflanzengeneration angezogen werden könnte. Hier hat sich die Überwinterung von Stecklingen als geeignete und auch recht einfach durchzuführende Möglichkeit bewährt. Natürlich kann auch die ganze Pflanze überwintert werden, was den Vorteil hat, dass sie im Folgejahr schneller erheblich mehr Blattmasse bildet.

In der Elfenbeinküste werden bereits Stevia-Testpflanzungen vorgenommen.

Boden und Düngung

Stevia gedeiht bestens an sonnigen Standorten in nährstoffreichen Böden, die gut mit organischem Material versorgt sind. Auch sandige Lehmböden sind bei entsprechender Nährstoffversorgung bestens geeignet. Gewisse Ansprüche stellt die Pflanze allerdings an den Wasserhaushalt. So bevorzugt sie einen leicht feuchten, warmen Boden. Stevia reagiert empfindlich sowohl auf trockene, als auch auf dauernasse Böden (Staunässe). Die Bodenreaktion an den natürlichen Standorten ist leicht sauer; bei uns kommt sie mit fertigen Pflanz- und den meisten Gartenerden sehr gut zurecht, wenn sie nur reich an Nährstoffen sind.

Bei nährstoffreichen Böden wird kaum eine zusätzliche Düngung erforderlich sein. Ansonsten ist es ratsam, organische Dünger in den Boden einzuarbeiten. Diese benötigen einige Zeit um sich umzusetzen und pflanzenverfügbar zu sein. Zur optimalen Stickstoffversorgung können Hornspäne eingearbeitet werden, Knochenmehl versorgt den Boden mit Phosphor. Ist der Boden sehr mager und eine Düngung daher unerlässlich, stehen verschiedene organische Dünger zur Verfügung.

Schnell wirkende Pflanzennährstoffe

Mineralische Dünger wirken schnell. Bei deren Verwendung sollte darauf geachtet werden, dass sie auch Spurenelemente enthalten. Zudem sollte Mineraldünger nicht stickstoffbetont sein, weil dadurch zwar der Zuwachs gefördert wird, die Pflanze durch ein übermäßiges Wachstum jedoch empfindlicher und anfälliger gegenüber Schädlingen werden kann.

Eine ausgewogene Düngung fördert das gute Wachstum.

Steviasamen, links noch geflügelt

Ernte und Konservierung

Geerntet werden die Blätter der Steviapflanze und die weichen Triebspitzen. Die
Ernte ist jederzeit möglich, bereits das früh-
sommerliche Zurückschneiden der Pflanzen,
das einen buschigeren Wuchs zur Folge
hat, bedeutet die erste Ernte. Die hierbei ab-
geschnittenen Triebspitzen können bereits
frisch oder nach ihrer Trocknung zum Süßen verwendet werden.

Den besten Ertrag hat man bei der Ernte
kurz vor Ende der Vegetationszeit. Der Zeitpunkt ist vom Wetterverlauf abhängig, gewöhnlich ist das die Zeit vom Spätsommer
bis zum Herbst. Die Tage werden dann
kürzer, die Nächte länger. Bei einer Tages-
länge (= die Zeit des Tages mit Tageslicht)
von 12 Stunden oder weniger beginnt Stevia zu blühen. Das ist der optimale Zeitpunkt zur Ernte. Die Triebe werden dann
bis zum Boden abgeschnitten, sofern die
Pflanzen einjährig gehalten werden. Werden sie mehrjährig gehalten, schneidet
man sie etwa 10–15 cm über dem Boden ab.
Die Triebe werden anschließend gebündelt
und an Schnüren in der Sonne zum Trocknen aufgehängt.

Es besteht auch die Möglichkeit, nur die
Blätter zu ernten indem man sie einfach
von oben nach unten von den abgeschnit-
tenen Stängeln abgestreift.

Vermehrung aus Samen

Die natürliche Vermehrung der Stevia erfolgt über ihre Samen und Triebteile Wird
eine blühende Steviapflanze mit geeigne-
tem Pollen einer anderen bestäubt, bilden
sich Früchte, kleine Nüsse. An ihnen befinden sich feine Härchen, die wie ein kleiner
Fallschirm angeordnet sind. Schon ein milder Wind kann die so ausgestatteten Nüsse über weite Entfernungen tragen, wo sie
nach ihrer "Landung" an einem geeigneten
Ort auskeimen. Die Anzahl der Samen, die
tatsächlich zur Keimung kommen, ist allerdings gering.

So verbreitet sich Stevia

Steviapflanzen vermehren sich auch vegetativ, also ungeschlechtlich. Sie können
durch die Bildung weiterer Bodentriebe
kleine Horste bilden und somit für ihre
Ausbreitung sorgen. Ebenso können sich
ihre recht brüchigen Stängel, sofern sie

Jeder
EU-Bürger
verbraucht
durchschnittlich
40 kg Zucker
pro Jahr.

umknicken und mit dem feuchten Boden in
Berührung kommen, neu bewurzeln und
im Boden verankern.

Anzucht aus Samen

Die Anzucht aus Samen beschert häufig
Misserfolge. Der Grund ist in der Regel
darin zu finden, dass eine Bestäubung der
Blüten von einer anderen Steviapflanze erfolgen muss, die genetisch nicht identisch
sein darf. Wurden die blühenden Pflanzen
durch Stecklinge einer gemeinsamen Mutterpflanze angezogen, handelt es sich um
Klone, deren Erbanlagen sich gleichen. Da-

her ist die Bildung keimfähiger Samen so
gut wie ausgeschlossen.

Möchte man keimfähigen Samen ernten,
sollte von Steviakultivaren unterschiedlicher
Herkunft ausgegangen werden. In diesem
Fall kann die Keimquote wesentlich höher
liegen. Keimfähige Samen weisen äußerlich eine dunkle Farbe auf. Sie sind fest und
zeigen beim Durchschneiden an der Schnittstelle ein weißes, nussartiges Gewebe.

Die Pflanzerde

Zur Anzucht von Pflanzen aus Samen oder
aus Pflanzenteilen ist ein geeignetes Substrat (Anzuchterde) zu verwenden. Es sollte durchlässig und locker sein und nicht
zum Verdichten neigen. Solche Erden kön-

Aussaat in Anzuchttöpfe

Bestandteile eines guten Stevia-Pflanzsubstrates.

nen zum Beispiel in Gärtnereien oder Gartencentern erworben werden.

> ## WICHTIG ZU WISSEN
>
> Anzuchterde kann selbst hergestellt werden. Man mischt dazu drei Volumenteile Kokosfasersubstrat (z. B. aus Kokos-Quellquadern, anstelle von Torf) und einen Volumenteil etwas gröberen Quarzsand oder Perlit; kein Düngerzusatz! Anschließend etwas Wasser hinzugeben, so wird das Gemisch "erdfeucht". Die Wasserzugabe ist wichtig, weil bei der Aussaat oder dem Stecken in trockenes Substrat eine völlige, gleichmäßige Durchfeuchtung schwierig zu erreichen ist bzw. lange dauern kann. In dieser Zeit könnten die Samen einfach wegschwimmen und die Stecklinge umfallen.

Prinzipiell kann für die Kultur jedes nährstoffarme, durchlässige Substrat verwendet werden. Hierzu zählen neben reinem Quarzsand auch gewöhnliche magere Gartenerde sowie das aus vulkanischem Ursprung stammende Perlit. Letzteres hält die Feuchtigkeit besonders gut und trägt zur Strukturstabilität bei. Perlit eignet sich auch vorzüglich zur Beimischung zu Anzucht- und Pflanzerden.

> ## WICHTIG ZU WISSEN
>
> Anzuchterden sollten steril sein, damit während der Anzuchtphase keine Unkräuter, Pilze oder tierische Schädlinge überhand nehmen.

Aussaat

Zur Aussaat der Samen sollten tropische Wachstumsbedingungen nachempfunden werden. Dafür bietet ein Gewächs- bzw. Treibhaus, erforderlichenfalls beheizt, die notwendigen Voraussetzungen.

In eine übliche Anzuchtkiste mit den Maßen 40 x 60 cm wird erdfeuchte Anzuchterde gefüllt, anschließend das Substrat glätten. Nun werden die Steviasamen darauf im Abstand von etwa 1 cm zueinander ausgesät. So ausgebracht, wird das spätere Pikieren erleichtert. Steht nur Saatgut mit geringer Keimfähigkeit zur Verfügung, kann auch dichter ausgelegt werden. Anschließend wird die Saat nur sehr dünn mit Anzuchterde oder feinem Quarzsand abgedeckt und mit einem Pumpsprüher die obere Erdschicht befeuchtet. Die so vorbereiteten Kisten werden im Gewächshaus bei einer Temperatur von 25–28 °C aufgestellt. Liegt die relative Luftfeuchtigkeit bei 80–100 %, ist ein weiteres Besprühen mit Wasser während der Anzuchtzeit kaum noch erforderlich. Die Erde muss stets feucht bleiben.

Wird die genannte Temperatur im Gewächshaus nicht erreicht, empfiehlt sich die Verwendung von speziellen Heizuntersätzen.

Angießen einer frischen Aussaat.

Anzucht auf der Fensterbank

Auch ein kleines beheizbares Zimmergewächshaus ist natürlich zur Anzucht von

Bei Zimmertemperatur nimmt die Keimfähigkeit von Steviasamen schnell ab, daher kühle Lagerung in einem geschlossenen Gefäß.

Steviapflanzen geeignet. Prinzipiell erfolgt die Anzucht ebenso wie zuvor beschrieben. Wird gleich in kleine Anzuchttöpfe ausgesät – z. B. in quadratische, 7 cm breite Töpfe, kann das anderenfalls notwendige spätere Pikieren entfallen. Bei hochwertigem Saatgut reichen zwei Korn pro Pflanztopf, ansonsten sollten mehrere Körner ausgesät werden.

Im Samenfachhandel erworbene Steviasamen sind oft schon von den kleinen Härchen befreit. Das erleichtert das Auslegen. Nach der Aussaat, dem Abdecken der oberen Schicht und dem nochmaligen Besprühen wird das Zimmergewächshaus mit einem durchsichtigen Plastikdeckel abgedeckt und an einen halbschattigen Platz gestellt. Ein Hitzestau durch zu kräftige Sonneneinstrahlung muss verhindert werden, anderenfalls könnte das Keimergebnis negativ beeinflusst werden.

Auch hier sollte eine Temperatur von 25–28 °C herrschen.

Ausputzen von Steviapflanzen und Kontrolle auf Schädlingsbefall.

Die vegetative Vermehrung

Die vegetative oder ungeschlechtliche Vermehrung stellt eine einfache Methode dar, um Steviapflanzen zu vermehren. Auf diese Weise ist die unkomplizierte Anzucht von mit der Mutterpflanze identischen Abkömmlingen jederzeit möglich.

Bei den im Handel erhältlichen Steviapflanzen handelt es sich oft um selektierte Pflanzen, die bestimmte Vorteile aufweisen. Das kann eine besonders einfache und schnelle Bewurzelung sein oder ein gesunder Wuchs und eine gute Blattmassebildung. Aus Belgien sind Selektionen bekannt, deren Süßkraft deutlich höher liegen soll als die anderer Steviapflanzen. Solche Pflanzen sind aber nur ungeschlechtlich vermehrbar, wobei die Stecklingskultur die übliche ist.

In einigen Ländern werden auch Versuche unternommen, Stevia „in-vitro", d. h. „im Reagenzglas" zu vermehren. Diese Vermehrungsmethode hat gleich mehrere Vorzüge. Mit der auch Gewebekultur genannten Vermehrungsart können schnell größere Mengen identischer Pflanzen aus verhältnismäßig wenig Ausgangsmaterial angezogen werden. Erfolg versprechende Züchtungen können so rasch in größeren Mengen vermehrt werden, da nicht erst mit großem Zeitaufwand ein großer Mutterpflanzenbestand aufgebaut werden muss.

Die Stecklingsanzucht

Steviastecklinge bewurzeln sich im Allgemeinen recht gut. Es sollten aber einige grundlegende Dinge beachtet werden, um die Bewurzelungsquote und den Zuwachs positiv zu beeinflussen.

HÄUFIGE FEHLER

Stecklinge aus harten bzw. verholzten Triebteilen bewurzeln sich schlecht. Sie treiben zwar aus und lassen eine Bewurzelung vermuten, doch wenn man sie aus dem Boden nimmt stellt man häufig fest, dass sich keine Wurzeln gebildet haben, sondern nur verdicktes Wundgewebe (Kallus).

Gut durchwurzelte Stecklinge

Das Schneiden von Stecklingen

Stecklinge sollten von kräftig treibenden Mutterpflanzen geschnitten werden, das Frühjahr ist hierfür ein sehr günstiger Zeitpunkt. Der obere Teil des frischen Triebes, das können 20 cm sein, wird mit einem scharfen Messer oder einer Schere abgeschnitten. Anschließend wird der Trieb in

vier bis sechs Teile – die einzelnen Stecklinge – geschnitten. Jeder Steckling sollte etwa zwei bis drei Knospenpaare (bzw. Blattpaare) haben. Je enger die Knospen zueinander stehen, desto mehr Stecklinge können von einem Trieb gewonnen werden.

WICHTIG ZU WISSEN

Haben die Stecklinge sehr große Blätter, können diese um die Hälfte eingekürzt werden. Damit wird die Verdunstungsfläche verringert und das Anwachsen bzw. Bewurzeln gefördert.

Das Stecken

Die gewonnenen Stecklinge werden dicht unterhalb des unteren Knospenpaares mit einer scharfen Klinge sauber abgeschnitten und die beiden Blätter dann abgebrochen. Auch über dem obersten Blattpaar des Stecklings erfolgt ein sauberer Schnitt, sofern es sich nicht um den oberen Teil des Triebes handelt (Kopfsteckling).

WICHTIG ZU WISSEN

Die Bewurzelungszeit kann verkürzt und die Bewurzelungsrate erhöht werden, wenn die untere Schnittstelle der Stecklinge vor dem Stecken mit einem Bewurzelungspuder wie Indolyl-3-Buttersäure (IBA) in Verbindung gebracht wird. Bei IBA handelt es sich um einen synthetisch hergestellten Wachstumsregulator (Auxin), der in verschiedenen Pflanzen natürlich vorkommt (Phytohormon). Die jeweilige behördliche Zulassungssituation bezüglich der Anwendung solcher Mittel ist in jedem Fall zu beachten.

Das Stecken erfolgt in Anzuchtplatten, kleine Töpfe oder direkt in das Anzuchtsubstrat, wie schon unter "Aussaat" beschrieben. Das obere Knospenpaar muss

Stevia lässt sich gut durch Kopfstecklinge vermehren.

Beim Zurechtschneiden von Stecklingen wird der "Schnittabfall" weiter verwendet.

aus dem Stecksubstrat herausschauen. Die Weiterkultur (Bewurzelung) erfolgt im Gewächshaus bei hoher relativer Luftfeuchtigkeit und bei einer Temperatur von 25–28 °C. Auch ein heizbares Zimmergewächshaus ist gut geeignet, wenn es mit einer Klarsichthaube abgedeckt und halbschattig aufgestellt wird. An einem dunklen Standort wird 30 cm über der Abdeckung eine Leuchtstoffröhre angebracht, die täglich etwa 15 Stunden eingeschaltet bleibt. Zu empfehlen sind Spezialleuchtmittel wie „GroLux" oder „Fluora", deren Lichtfrequenz der des Tageslichtes nahekommt. Das Ein- und Ausschalten kann eine Schaltuhr wesentlich erleichtern, ebenso wie durch die Verwendung eines Thermostaten die Temperatur geregelt werden kann.

Die Bewurzelung

Die Bewurzelung und der erste Austrieb erfolgen nach etwa 10–20 Tagen. Dann kann bereits langsam mit der Abhärtung der Pflanzen begonnen werden. Dabei wird die Luftfeuchtigkeit allmählich gesenkt; bei Verwendung eines Zimmergewächshauses wird hierzu die Abdeckhaube über einige Tage täglich etwas weiter geöffnet.

Umtopfen

Ist der Ballen in den Töpfchen bzw. in den Mulden der Anzuchtplatten gut durchwurzelt, wird die Pflanze in größere Töpfe umgetopft. Die Pflanzen können dann vorsichtig aus den Anzuchttöpfchen herausgezogen werden. Die Wurzeln verhindern ein Auseinanderfallen des Ballens.

Als Substrat für größere Töpfe kann nährstoffreiche Pflanzerde verwendet werden. Wurde direkt in das Substrat gesteckt, müssen die einzelnen Stecklinge vorsichtig aus dem Boden entnommen und getrennt werden. Das geht nicht ohne einen gewissen Verlust an Wurzelmasse. So werden diese Pflanzen nach dem Pikieren anfänglich langsamer heranwachsen, weil sie sich erst vom Stress des Umsetzens erholen müssen. Allerdings können auf diese Weise weitaus mehr Pflanzen pro Fläche angezogen werden.

Nur gesunde, kräftige Stecklinge werden zur Weiterkultur getopft.

Steviapflanzen sollten an einem windgeschützten Platz stehen.

Weiterkultur der Jungpflanzen

Die pikierten und abgehärteten Jungpflanzen können ins Freiland gepflanzt werden, sobald keine Fröste mehr zu erwarten sind. Das ist in Mitteleuropa etwa ab Mitte Mai der Fall. Manch einer richtet sich nach den sogenannten Eisheiligen. Sie fallen auf den 11. bis 15. Mai und schließen ab mit der „Kalten Sophie". Diese meteorologische Witterungsregel besagt für Mitteleuropa, dass frostempfindliche Pflanzen nach diesen Tagen ins Freiland gepflanzt werden können, weil in aller Regel keine Fröste mehr auftreten. Aus Erfahrung ist allerdings bekannt, dass auch danach noch einmal kurzfristig sehr niedrige Temperaturen auftreten können – wenn auch selten. Ist man darauf vorbereitet und hebt Abdeckmaterial wie Vlies oder dünnes Zweigmaterial von Nadelgehölzen noch eine Weile auf, kann eigentlich nichts passieren.

Gepflanzt werden sollte an einem sonnigen Platz in nährstoffreiche, eher leicht saure Erde. Ist diese nicht vorhanden, kann der Boden durch Zugaben von Kompost, Kokosfaser oder einem anderen organischen Material verbessert werden. Näheres dazu ist nachzulesen im Abschnitt "Boden und Düngung" auf Seite 20.

Oberseitenförderung

Stevia ist eine recht robuste Pflanze, doch starker Wind kann ihre Triebe herabdrücken oder sie im ungünstigsten Fall sogar abbrechen. Legt sich ein Trieb waagerecht auf den Boden oder wird er herabgedrückt und z. B. mit einer Drahtklammer fixiert, können aus jeder Knospe dicht an dicht neue Triebe nach oben aufschießen. Dieses Phänomen wird Oberseitenförderung genannt. Auf diese Weise kann von einer Pflanze sehr viel Blattmaterial gewonnen werden.

Stevia in Kübelkultur

Es ist unproblematisch, Steviapflanzen dauerhaft im Kübel zu halten. Dieser sollte ein ausreichendes Volumen haben und mit guter, nährstoffreicher Erde gefüllt sein. Im Grunde sind auch kleine Töpfe mit einem Volumen von einem Liter geeignet. Doch wer Stevia anbaut, macht dies gewöhnlich nicht wegen der „Schönheit" der Pflanze, sondern um möglichst viel Blattmasse anzuziehen, die dann geerntet und genutzt werden kann. Aus diesem Grund ist es ratsam, als Pflanzgefäß einen Kübel mit einem Volumen von mindestens 3 l zu verwenden. Die Kultur kann sowohl im Gewächshaus oder im Wintergarten an einem hellen Platz erfolgen, als auch im Freien. Dann müssen natürlich die Erfordernisse wie auf Seite 19 beschrieben berücksichtigt werden. Eine regelmäßige Düngung ist ebenso unerlässlich, wenn ein kräftiger vegetativer Wuchs und eine reiche Blattbildung gewünscht werden. Ein anfänglicher Schnitt fördert ein buschiges, vieltriebiges Wachstum.

Etwa ab Mitte Mai, nach den Eisheiligen, können Stevia-Topfpflanzen ins Freie gestellt werden.

Gewächshaus- und Zimmerkultur

In einem ungeheizten Gewächshaus können Steviapflanzen wie im Freiland angebaut werden. Wegen der geschützten Umgebung wird der spätere Ertrag an Blättern höher liegen. Zudem kann die Kultur wesentlich früher beginnen als bei Freilandkultur.

Stevia im Haus

In kleineren Gefäßen können Steviapflanzen auch auf der Fensterbank gehalten werden. Hier muss man insbesondere darauf achten, dass der Boden nicht austrocknet. Auch ist eine regelmäßige Düngung erforderlich. Zu empfehlen ist eine wohldosierte mineralische Düngung, weil solche Mittel unabhängig vom Bodenleben sicher und schnell wirken. Düngemittel, die erst im Boden zu pflanzenwirksamen Substanzen aufgespalten werden müssen (z. B. Hornmehl oder -späne), sind hier oft nicht geeignet, weil ein hierzu nötiges ordentliches Bodenleben in den kleinen Gefäßen nicht immer gewährleistet ist.

HÄUFIGE FEHLER

Gerade bei Zimmerkultur kann es passieren, dass ein zu dunkler Standort gewählt wird. Dann schießt die Pflanze in die Höhe und bildet lange Internodien (das sind die Abschnitte zwischen den Blattknospen) und die wenigen Blätter bleiben klein. Außerdem können die aufgeschossenen, dünnen Stängel leicht umbiegen oder abbrechen.

Schädlinge

Steviapflanzen werden bei uns selten von Schädlingen befallen. Wenn einmal ein Blattlausbefall eingetreten ist und Bekämpfungsmaßnahmen notwendig erscheinen, stehen verschiedene, für Menschen ungefährliche Mittel zur Verfügung. Genannt seien z. B. Spritzungen mit den Wirkstoffen aus den Samen der Neempflanze *(Azadirachta indica)*. Auch Spritzungen mit Seifenlösungen haben sich bewährt.

Weiter bietet der biologische Pflanzenschutz verschiedene Möglichkeiten zur Bekämpfung bestimmter Schädlinge. Vornehmlich die Larven der Florfliege fressen mit Vorliebe viele Läusearten sowie Spinnmilben und auch Thripse.

Besteht Handlungsbedarf durch das Auftreten der Weißen Fliege, ist in diesem Fall der Einsatz von Schlupfwespen zur Bekämpfung empfehlenswert.

Auch mit Klebstoffen überzogene Gelbtafeln können den Befallsdruck durch fliegende Insekten mindern. Die gelbe Farbe der Tafeln lockt die Insekten an, die bei Berührung an ihnen kleben bleiben.

Schnecken können besonders bei feuchter Witterung sehr lästig werden, indem sie die Blätter anfressen. Besonders unangenehm sind Nacktschnecken und die kleinen dünnschaligen Bernsteinschnecken, die sich bei entsprechender Witterung schnell und massenhaft vermehren. Hier können das Absammeln der Schädlinge und das Aufstellen von Schneckenfallen hilfreich sein.

Im Allgemeinen sind Pflanzenschutzmaßnahmen beim Heimanbau kaum erforderlich. Bei großflächigem Anbau ist es jedoch wichtig, auf Schädlingsbefall zu achten und diesen sofort optimal zu bekämpfen.

Stevia überwintern

Die im Herbst beernteten Steviapflanzen werden samt Wurzelballen ausgegraben und in einen ausreichend großen Topf gesetzt. Ist die Pflanze ein Jahr alt, reichen Töpfe mit einem Fassungsvermögen von 2 l aus. Ältere Pflanzen sollten in entsprechend größere Töpfe gesetzt werden, damit nicht zu viele der feinen Wurzeln entfernt werden müssen. Haben die Pflanzen größere Horste gebildet, können sie auch geteilt werden.

Die Überwinterung erfolgt an einem hellen, belüfteten Standort. Die Erde darf aber keinesfalls nass sein, die Überwinterung würde dann nicht gelingen. Ideal ist eine sehr mäßige Erdfeuchte, gelegentliche Kontrol-

> Steviapflanzen müssen temperiert überwintert werden, ein herbstlicher Rückschnitt ist zu empfehlen.

Gehäuseschnecke erklimmt eine Steviapflanze.

Soufflés – ob süß oder pikant, die Zubereitung ist einfach.

len sind zu empfehlen. Kleinere Pflanzen lassen sich auch problemlos auf der Fensterbank überwintern.

Die Überwinterungstemperatur sollte um 15–20 °C liegen, möglichst nicht niedriger. Besonders geeignet ist ein Gewächshaus oder ein Wintergarten, wenn sie ausreichend beheizbar sind Die nächtliche Tiefsttemperatur darf nicht unter 13–14 °C sinken. Weiterhin geeignet sind tageslichthelle Räume, Veranden und Treppenhäuser, sofern sie die genannten Bedingungen erfüllen. Stehen solche Räumlichkeiten aber nicht zur Verfügung, können auch Keller- oder Bodenräume infrage kommen, doch ist hier eine zusätzliche Belichtung erforderlich. Für diesen Zweck müssen spezielle Pflanzenleuchten verwendet werden. Sie werden etwa 30 cm über den Töpfen ange-

bracht und bleiben täglich etwa 15 Stunden eingeschaltet (siehe dazu auch Hinweise ab Seite 25 im Kapitel "Das Stecken").

Mit Stevia kochen

Bei den verschiedenen Stevia-Süßungsmitteln kann der Steviosid-Anteil unterschiedlich hoch sein. Die Süßwirkung von Steviaprodukten ist zudem abhängig von der Temperatur und Konsistenz der damit zubereiteten Speisen und Getränke. Aus diesen Gründen muss bei Verwendung der Steviaprodukte die Süßkraft berücksichtigt bzw. zuvor geprüft werden.

Saure-Sahne-Soufflé

Wir brauchen ⅜ l saure Sahne, 2 EL Mehl, 4 Eigelb, ½ TL Steviapulver, die abgeriebene Schale von ½ unbehandelten Zitrone, 4 Eiweiß und etwas Butter zum Einfetten.

Das Mehl in einen Topf geben und nach und nach mit der sauren Sahne verrühren. Unter ständigem Rühren langsam erhitzen,

---

HÄUFIGE FEHLER

Die Fensterbank ist ein günstiger Überwinterungsplatz. Das Fenster muss aber unbedingt dicht schließen. Kalte Zugluft oder einfachverglaste Fenster machen der Pflanze schnell den Garaus.

Für das Tee-Gelee werden geschnittene Hibiskusblüten von *Hibiscus sabdariffa* verwendet.

bis die Masse dick wird. Aber Vorsicht, nicht kochen lassen. Anschließend den Topf vom Herd nehmen und langsam jedes Eigelb einzeln hineinrühren, dann die Zitronenschale und das Steviapulver unterrühren. Zum Schluss das Eiweiß steif schlagen und vorsichtig unterheben. Die Teigmasse in 6–8 kleine, mit Butter eingefettete Soufflé-formen füllen und im vorgeheizten Backofen auf der unteren Schiene 25 Minuten bei 200 Grad (Elektroherd) backen.
Soufflés fallen leicht zusammen und sollten daher sofort serviert werden.

Hibiskusblütentee-Gelee

Wir brauchen ½ l Wasser, 2 gehäufte TL getrocknete Hibiskusblüten (Apotheke), 2 EL Zitronensaft, 1 knapp gestrichener TL Steviapulver, 2 EL Rum, 6 Blatt weiße Gelatine.

Die Hibiskusblüten in eine Kanne geben und mit dem aufgekochten Wasser überbrühen, ca. 3 Minuten ziehen lassen. Den Tee durch ein Sieb in einen Topf gießen, Zitronensaft, Steviapulver und Rum dazugeben. Die Gelatine 5–10 Minuten in kaltem

Wasser einweichen, ausdrücken und auf dem Herd unter Rühren im heißen Tee auflösen. Den Tee bis kurz vor dem Gelieren abkühlen lassen, danach in sechs Kelchgläser füllen und zugedeckt in den Kühlschrank stellen. Nach zwei Stunden, wenn das Gelee fest ist, als Dessert servieren. Dazu schmeckt hervorragend Vanillesoße.

> ## WICHTIG ZU WISSEN
>
> In Japan ist Stevia bereits seit Jahrzehnten zugelassen und hat künstliche Süßstoffe stark vom Markt gedrängt.

Quittenbrot

Wir brauchen 1300 g Quitten, ¼ l Wasser, 2 TL Steviapulver, 3 EL Agavendicksaft, 4 TL Apfelpektin (Reformhaus), etwas Öl zum Einfetten des Backbleches.

Den Flaum mit einem trockenen Tuch von den Quitten abreiben und die Früchte unter kaltem Wasser gründlich waschen. Danach ungeschält in Stücke schneiden, wobei Stiel

In den Rezepten wurde ausschließlich reines weißes Steviapulver (Extrakt) verwendet.

Quittenbrot hat Tradition, vor allem in der Weihnachtszeit.

Herdklappe und den Herd klemmen. Nach der Trockenzeit das Backblech aus dem Ofen nehmen und mit einem Küchentuch bedeckt 24 Stunden an einem warmen Ort nachtrocknen lassen. Das Quittenbrot wird in etwa 3 cm kleine Rauten geschnitten und in einer verschlossenen Blechdose bis zum Verzehr aufbewahrt. Quittenbrot ist übrigens eine beliebte Leckerei während der Weihnachtszeit.

Pikante süßsaure Gurken

Variante I

Wir brauchen pro Weckglas:
Cornichons oder größere Gewürzgurken, 1 kleine Zwiebel, 4 Knoblauchzehen, 1 kleine Möhre, frisches Bohnenkraut, 2 scharfe Chilis (thailändisch), frischen Kerbel, frischen Estragon, Lorbeerblatt, Senfkörner, Pfefferkörner, Gurkengewürzmischung.

Für das Gurkenwasser: Wasser, Essig (Mischung 4 Teile Wasser, 1 Teil Essig), Salz, pro Liter 1–2 Messerspitzen hochkonzentriertes Steviapulver.

Gurken waschen, abtropfen lassen. Cornichons im Stück ins Glas geben, größere Gurken zu Sticks vierteln oder in Scheiben schneiden. Möhrchen in Scheiben schneiden, Knoblauchzehen schälen und einmal halbieren, Zwiebel in Würfel schneiden, die Chilis längs aufschlitzen. Schärfe, Süße und Knoblauch nach Geschmack variieren. Alles wechselweise ins Glas schichten. Bis unter den Rand mit Gurkenwasser auffüllen. Bei 80 °C mindestens 20 Minuten im Ofen sterilisieren. Sachte abkühlen lassen und eine Woche an einem kühlen Ort verwahren. Danach sind die Gurken bereits verzehrfertig.

Variante II

Dazu brauchen wir 3–4 kg kleine feste Einlegegurken, 3 Zwiebeln, 2–3 große Möhren,

und Blütenansatz zu entfernen sind. In einem Topf mit dem Wasser in ca. 30 Minuten weich kochen. Das Fruchtmus durch ein Sieb in eine Schüssel streichen, anschließend das feine Quittenmus wieder in den Topf geben. Mit dem Steviapulver, Agavendicksaft und dem Apfelpektin so lange unter ständigem Rühren kochen, bis die Masse dick und leicht bräunlich geworden ist. Backblech oder Fettpfanne mit Öl bestreichen, das Quittenmus darauf ca. 2 cm hoch verteilen und glatt streichen. Im vorgeheizten Backofen auf mittlerer Schiene das Quittenbrot langsam ca. 90 Minuten bei 140 Grad (Elektroherd) trocknen lassen. Nach 50 Minuten einen Kochlöffelstiel zwischen die

1 Stück frischen Ingwer, frischen Dill, Wasser, etwas Salz, Einmachgläser von z. B. ¾ l Fassungsvermögen.

Pro Glas werden benötigt 2 TL Senfkörner, 1 getrocknete Chilischote, 1 Lorbeerblatt, ¼ TL Pfefferkörner, 2 Nelken, 3 Pimentkörner, 4 Wacholderbeeren.

Für die Essiglösung brauchen wir 3 l Wasser, ¾ l Branntweinessig, 4 Msp. Steviapulver, 50 g Salz.

Die Gurken unter fließendem Wasser gründlich waschen und über Nacht in einer großen Schüssel vollkommen mit kaltem Salzwasser bedeckt liegen lassen. Das Salzwasser am nächsten Tag abgießen, die Gurken abspülen, einzeln abtrocknen und in die kurz zuvor ausgekochten sauberen Gläser schichten, entweder in ca. 1 cm breite Scheiben geschnitten, als längliche Gurken-viertel oder die ganzen Gurken. Zwiebeln abziehen, in kleine Stücke schneiden und in die Gläser verteilen. Möhren schälen und in Scheiben geschnitten in die Gläser geben. Das Ingwerstück schälen, in dünne Scheiben schneiden, jeweils 2 Scheiben pro Glas verteilen. Die übrigen Gewürze mit den abgespülten, trockengetupften Dillzweigen auf die Gläser verteilen.

Die Zutaten für den Essigsud aufkochen und abkühlen lassen. Den kalten Sud über die Gurken gießen. Die Gläser bis zu einem Fingerbreit unter den Rand mit so viel Flüssigkeit auffüllen, dass die Gurken gut bedeckt sind. Die Gläser anschließend verschließen und im Backofen in der mit 2 cm heißem Wasser gefüllten Saftpfanne auf der untersten Schiene bei 80 Grad ca. 15–20 Minuten sterilisieren. Die Gläser im Backofen bei offener Herdklappe abkühlen lassen. Danach in einem kühlen Raum 1–2 Wochen durchziehen lassen.

Steviasüße ist nahezu kalorienfrei.

Gurken zählen zu den beliebtesten Sauerkonserven.

Goji –
Gesundheit pur

Die Gattung *Lycium*

Es ist schon beachtlich, wozu gute Pressearbeit imstande ist. Sie kann sozusagen "Berge versetzen". So wurde aus einer bei uns bis dato unbedeutenden, nicht übermäßig zierenden, unbeachteten und sogar – wie in einschlägiger Fachliteratur nachzulesen – Pflanze mit giftigen Früchten eine Superpflanze, deren Beeren das Geheimnis eines besonders langen Lebens bei guter Gesundheit und Lebensfreude sein sollen.

Aufgrund der höchst positiven Erfahrungsberichte derer, die die Früchte dieser Pflanze, Gojibeeren genannt, schon lange für sich entdeckt hatten, wurde das allgemeine Interesse an ihnen erweckt. Und es stimmt tatsächlich: Gojibeeren besitzen Inhaltsstoffe, die Menschen besonders zuträglich sind. Sie weisen die höchsten Werte an Antioxidantien auf – wesentlich mehr als Zitrusfrüchte und die besonders gesunden und nährstoffreichen Granatäpfel. Eine Superfrucht war geboren, obwohl es sie schon lange gibt.

Es hat sich gezeigt, dass die besondere Pressearbeit in diesem Fall ihre Berechtigung hatte. Nur auf diese Weise war und ist es offensichtlich möglich, Menschen mit noch unbekannten Schätzen der Natur vertraut zu machen.

Es wurden "Berge versetzt", weil sie versetzt werden mussten!

WICHTIG ZU WISSEN

Chinesen und Tibeter sind der Überzeugung, der Verzehr von Gojibeeren versetze die Menschen in einen Zustand größter Zufriedenheit und brächte ihnen Schönheit, Gesundheit sowie ein langes Leben.

Plantagenmäßiger Gojianbau – hier in Deutschland.

Lycium-Arten

- *L. andersonii* stammt aus dem Südwesten der USA und wird dort auch 'Tomatillo' genannt.
- *L. brevipes* stammt aus Kalifornien und Mexiko. Der 4 m hohe Busch produziert in Massen 1 cm große, rotleuchtende Beeren, die besonders für Vögel attraktiv sind.
- *L. chinense* und *L. barbarum* sind so eng miteinander verwandt, dass zwischen ihren Früchten gewöhnlich nicht unterschieden wird, beide werden Goji- oder Wolfsbeeren genannt.
- *L. ferocissimum* wird in den USA als schädliches Unkraut betrachtet. Sie wuchert und wächst zu einem 5 m hohen, reichbedornten Strauch heran. Die Früchte sind leuchtend rot und rundlich.
- *L. fuchsioides* wurde im Jahre 1807 von Alexander von Humboldt und Aimé Bonpland erstmals beschrieben. 41 Jahre später ordnete der britische Botaniker John Miers die Art allerdings der nahverwandten Gattung *Iochroma* zu, daher ihr heute noch gültiger Name *Iochroma fuchsioides*. Der deutsche Name ist Roter Veilchenstrauch.

Historisches

Lycium ist eine Gattung aus der Familie der Nachtschattengewächse (Solanaceae). *L. barbarum* ist der wissenschaftliche Name dieser aus Zentralchina stammenden Art, die mittlerweile in vielen Teilen der Welt eingebürgert ist. Weitere gebräuchliche Namen sind Bocksdorn, Teufelszwirn, Goji und Wüstendorn.

Funde bestätigen, dass diese Lyciumart bereits vor über 4 000 Jahren in China bekannt war und beschrieben wurde. Die Gattungsbezeichnung *Lycium* könnte ein Hinweis sein auf Lykien in Kleinasien, wo die Pflanze zur Zeit ihrer Namensgebung durch Linné wild anzutreffen war. Die Artbezeichnung "barbarum" bedeutet barbarisch, was mit fremdländisch zu deuten ist.

Über 80 Bocksdorn-Arten

Während Linné in seinem Werk *Species Plantarum* noch drei weitere Lyciumarten beschrieb, nämlich *L. afrum*, *L. barbarum* und *L. europaeum*, sind mittlerweile fast 90 Bocksdornarten bekannt. Die meisten stammen aus Zonen mit gemäßigtem Klima, manche auch aus warmen Gebieten.

Der Gemeine Bocksdorn

Lycium barbarum, der Gemeine Bocksdorn, ist ein etwa 2 m hoch wachsender sommergrüner Strauch mit überhängenden, dornigen Trieben. Seine lanzettlichen, graugrünen Blätter können eine Länge von bis zu 10 cm erreichen. Sie sind überwiegend gegenständig angeordnet. Die zwittrigen blaulila Blüten sitzen auf einem 1–2 cm langen Stiel und werden durch Insekten oder den Wind bestäubt. Anschließend entwickeln sich die lang-eiförmigen, roten, bis 1,5 cm langen Früchte.

Goji blüht von Juni bis zum Herbst.

Die Inhaltsstoffe der Gojibeeren sind besonders gesund.

Goji – giftig oder gesund?

In seiner Dissertation schrieb Friedrich Siebert im Jahre 1890, *Lycium barbarum* enthalte in allen Pflanzenteilen giftige Alkaloide, vornehmlich das in verschiedenen Nachtschattengewächsen enthaltene Hyoscyamin. Der Verzehr der Früchte oder von Pflanzenteilen führe angeblich zu Erbrechen, Krämpfen, Rauschzuständen, Verwirrung und schließlich zum Tode.

Diese Informationen wurden in den Folgejahren von den meisten deutschsprachigen Autoren aufgegriffen und weiter verbreitet, obwohl bereits ein Jahr nach dieser Veröffentlichung nachgewiesen wurde, dass die Behauptungen hinsichtlich der besonderen Giftigkeit falsch waren. Doch bis heute ist diese gravierende Fehlinformation in der deutschsprachigen Pflanzenliteratur vorzufinden, offensichtlich wird diese Information ungeprüft übernommen und abgeschrieben. Selbst in Schaupflanzungen deutscher Botanischer Gärten, in denen besonders giftige Pflanzen gezeigt werden, ist *Lycium barbarum* zu finden. Und auch in einem der bekanntesten deutschen botanischen Wörterbücher zählt *Lycium barbarum* fälschlicherweise noch immer zu den Giftpflanzen – ein hartnäckiger Irrtum.

WICHTIG ZU WISSEN

Die Gojipflanze ist keinesfalls giftig. Vielmehr ist sie für die Gesundheit der Menschen eine der wertvollsten überhaupt – sowohl die Früchte, als auch das Blattwerk.

Goji in aller Munde

Der Gojibeere wird ein sagenhaftes Wirkungsspektrum nachgesagt und sie wird als Super-Nahrungsmittel ("Superfood") gehandelt. Angeblich ist sie der der Grund, wieso manche Chinesen ein besonders hohes Alter bei ausgezeichneter Gesundheit erreichen. Die Inhaltsstoffe der Gojibeere werden hinsichtlich ihrer Wirkung auf den menschlichen Organismus denen der Ginsengwurzel gleichgesetzt oder sogar als wertvoller bewertet. Positive Berichte über diese kleinen roten Beeren überschlagen sich fast: Die in ihr enthaltenen Vitamine, Mineralien und Spurenelemente seien Treibstoff für den Körper, schädliche freie Radikale hätten keine Chance mehr

Weil letztere zur Entstehung von Arteriosklerose, Alzheimer und sogar Krebserkrankungen beitragen können, sind viele Menschen von der „Entdeckung" der Gojipflanze begeistert. Der Absatz der Früchte

In Asien wird die Gojibeere auch "Glückliche Frucht" genannt.

Gojifrüchte haben die dreifache Menge an Vitamin C – verglichen mit Orangen.

Getrocknete Gojibeeren

WICHTIG ZU WISSEN

Was ist nun das Besondere an der Goji-beere, welche Erwartungen haben die Menschen und was können Forschungs-ergebnisse hinsichtlich gesundheits-fördernder Eigenschaften bestätigen?

• Stärkung des Immunsystems
• Eine hervorragende Gesundheit während eines langen Lebens (Anti-Aging-Effekt)
• Vitalität
• Schutz vor negativen Stresserschei-nungen
• Blutdruckregulierend
• Positiver Effekt bei Problemen mit inneren Organen
• Hilfe auch bei Potenz- und Libido-problemen
• Hohe Lebensqualität
• Schutz vor schweren Erkrankungen

steigt ständig und vielerorts werden inzwi-schen Gojiplantagen angelegt.

Gojifrüchte sind offensichtlich ein wahres Wunderobst. Wer Goji anbaut, erntet Ge-sundheit. Sie haben außerdem einen an-genehmen Geschmack und können auch frisch verzehrt werden. Um das ganze Jahr Gojifrüchte genießen zu können, soll-te man sie nach der Ernte trocknen. Bei Bedarf werden sie dann einfach für eine kurze Zeit in warmes Wasser gelegt und können dann gegessen werden.

Arten und Sorten

Weil die Nachfrage nach Gojibeeren rasant steigt, sind Züchter darum bemüht, beson-ders leistungsstarke, reichtragende, groß-fruchtige und resistente Sorten zu züchten. Inzwischen sind unterschiedliche Selektio-nen am Markt, die zum Teil Namens- und/oder Sortenschutz genießen. Wenn man beabsichtigt, bestimmte Sorten zu vermeh-ren und sie an Dritte weiterzugeben emp-fehlen wir, sich nach eventuellen Schutz-rechten zu erkundigen.

Eine Auswahl verschiedener Goji-Selektionen

- 'Big Lifeberry', großfruchtig, China
- 'Lhasa'
- 'Lifeberry', Selektion nach Geschmack, China
- 'Nima', milder süßlicher Geschmack
- 'Ningxia', Pflanzen aus Ningxia, Nordwestchina
- 'Red Life'
- 'Sweet Lifeberry', kompakter Wuchs, China

Goji im Garten

Wegen der einfachen Kultur von *Lycium barbarum* und ihrer wertvollen Früchte entschließen sich immer mehr Gartenbesitzer, eine Gojihecke anzulegen. Sie schützt durch ihre mehr oder minder ausgeprägte Bedornung nicht nur vor möglichen Eindringlingen, sondern auch vor unerwünschten Blicken. Ihr überhängender Wuchs und die lilablauen Blüten sind zudem sehr dekorativ. Doch das Beste ist natürlich die Ernte ihrer wertvollen und schmackhaften roten Beerenfrüchte.

Mittlerweile werden von verschiedenen Landwirtschaftsunternehmen Investoren gesucht, die sich an neu anzulegenden Gojiplantagen finanziell beteiligen möchten. Die Renditeerwartungen sind hoch.

Ansprüche und Kultur

Die Ansprüche der Gojipflanze an Boden und Klima sind denkbar gering. Sie gedeihen nahezu überall und in jeder Lage. Sogar auf sandigen, eher nährstoffarmen Böden kann sich die Pflanze durch ihre besonders ausgeprägte Wurzelbildung mit den notwendigen Nährstoffen und mit Wasser versorgen. Die Größe der Blätter und Früchte mag zwar darunter leiden, nicht aber die Pflanze insgesamt. So existiert an einer Böschung kurz hinter dem Hamburger Hauptbahnhof schon seit über 15 Jahren eine von Jahr zu Jahr ausladender wachsende *Lycium-barbarum*-Hecke. Der Boden besteht hier aus Geröll und Sand, nur die oberen wenigen Zentimeter liefern eine nährstoffreiche Substanz, die sich im Laufe der Jahre durch herabfallendes Laub gebildet hat.

Vom Sommer bis in den Herbst hinein entwickeln sich an der etwa 1,5 m hohen Hecke ununterbrochen Blüten und anschließend Früchte. Da offensichtlich kaum jemand die Pflanze kennt oder die Beeren gar für giftig gehalten werden, bleiben sie den Vögeln vorbehalten oder sie fallen einfach herab.

In Plantagen oder bei Kübelkultur kann den Pflanzen ein Optimum an Pflege und Versorgung mit Nährstoffen, Wasser und Licht geboten werden. Solche Pflanzen sind äußerlich oft deutlich unterscheidbar von anderen. Ihre Blätter werden wesentlich größer, ebenso ihre Früchte, die deutlich mehr Fruchtfleisch aufweisen.

Gojipflanzen bilden unbeschnitten lange bogenförmig überhängende Zweige.

Wilde Gojihecke am Hamburger Hauptbahnhof.

nachdem sie von den Tieren aufgenommen wurden und den Verdauungstrakt durchlaufen haben, wieder ausgeschieden. Dadurch können sich auch weit entfernt vom Standort der Pflanze Nachkommen etablieren, die allerdings nicht mit der Ausgangspflanze identisch sein müssen.

Außerdem bilden ältere Pflanzen Ausläufer, durch die sich *Lycium barbarum* immer weiter vom ursprünglichen Standort entfernt ausbreiten kann.

Sorten bzw. Selektionen können nur ungeschlechtlich echt vermehrt werden. Die so entstandenen Klone entsprechen in ihren Erbanlagen der Ausgangspflanze.

Anzucht aus Samen

Es ist relativ einfach, Gojipflanzen aus Samen zu vermehren. Geeignetes Saatgut ist im Fachhandel erhältlich, der Kauf ist dann zu empfehlen, wenn durch Aussaat bestimmte Linien angezogen werden können, welche die gewünschten Eigenschaften aufweisen. Wer Saatgut nicht kaufen möchte, kann auch reifen Früchten die Samen entnehmen, diese von anhaftendem Fruchtfleisch reinigen und langsam trocknen. In trockenem Zustand ist eine kühle Lagerung der Samen über einen längeren Zeitraum, sogar über Jahre möglich, wobei die Keimkraft leicht abnimmt.

Die Aussaat im Frühjahr mit frischem oder getrocknetem Saatgut kann direkt auf die vorbereitete Fläche im Freiland erfolgen. Das Saatgut wird dazu etwa 1 cm mit Erde abgedeckt und angegossen, damit ein guter Bodenkontakt entsteht und die Keimung erfolgen kann.

Es ist günstig, das Saatgut auf Anzuchtplatten oder in kleine Töpfe auszusäen und es frostfrei unter Glas keimen zu lassen. Das kann bereits in den ersten Monaten des Jahres erfolgen.

Auf diese Weise angezogen, entwickeln sich recht schnell und kontrolliert kräftige Pflänzchen. Wachsen mehrere Exemplare in einem kleinen Anzuchttopf, werden die

Samen in frischen Gojis.

Vermehrung

Die Gojipflanze kann geschlechtlich (generativ) aus Samen oder ungeschlechtlich (vegetativ) aus Pflanzenteilen vermehrt werden. Welches Verfahren angewandt wird, entscheidet der Gärtner oder die Natur.

Besonders Vögel und andere Kleinlebewesen fressen die kleinen ansehnlichen roten Früchte gerne. Die in den Beeren enthaltenen etwa fünf bis zwanzig Samen werden, schwächsten einfach herausgezogen und nur das stärkste wird behalten.

WICHTIG ZU WISSEN

"Unter Glas" aussäen bedeutet, dass die Anzucht im Schutz eines Glas- oder eines Folienhauses erfolgt. Vergleichbare Kulturbedingungen können auch in einem Wintergarten oder einem Zimmergewächshaus erzielt werden. Sogar ein helles Treppenhaus oder ein anderer heller Raum sind bei recht hoher Luftfeuchtigkeit geeignet.

HÄUFIGE FEHLER

Ist das Pflanzsubstrat dauerhaft nass, können die jungen Pflanzen zu faulen beginnen und absterben. Auch durch die "Schwarzbeinigkeit" *(Phytophtora spec.)*, eine Pilzinfektion, kann der Erfolg zunichte gemacht werden. Es sollte daher immer hygienisch einwandfrei gearbeitet werden. Zur Anzucht sind spezielle Anzuchterden aus dem Fachhandel selbstgemischten vorzuziehen. Werden Eigenmischungen verwendet, ist ein Sterilisieren vor dem Gebrauch unverzichtbar. Das kann z. B. durch einen zwanzigminütigen Aufenthalt im 100 °C heißen Backofen erfolgen.

Gojisamen getrocknet

Stecklingsvermehrung

Einfach, sicher und schnell gelingt die vegetative Vermehrung von Gojipflanzen durch Steckholz, Stecklinge, Absenker, Rhizome und Teilung.

Frisches Saatgut kann sogleich wieder ausgesät werden.

Die oberen Schnittstellen der Steckhölzer werden in flüssigem Wachs verschlossen.

Wurden die Pflänzchen auf Platten angezogen, werden sie bei einer Größe um 10 cm in kleine Töpfe verschult.
Ab Mitte Mai, wenn keine stärkeren Fröste mehr zu erwarten sind, können die Pflanzen an gewünschter und geeigneter Stelle ins Freiland gesetzt und dort weiterkultiviert werden. *Lycium barbarum* ist zwar winterhart; wurden die Pflanzen aber unter Glas angezogen, müssen sie vor dem Auspflanzen zunächst allmählich abgehärtet werden und man sollte auch einen geeigneten Pflanztermin wählen.

Steckholz

Im Winter werden bei frostfreiem Wetter kräftige Triebe ausgewählter Pflanzen bis zum Boden abgeschnitten. Das obere Viertel bis Drittel wird verworfen, da die Triebe in diesem Bereich meistens sehr dünn sind.

Die verbliebenen Triebteile schneidet man dann in 10–15 cm, möglichst gleichmäßig lange Stücke. Der untere Schnitt sollte dicht unterhalb einer Knospe erfolgen, der obere dicht darüber. Nun werden die Steckhölzer gebündelt und mit einem Gummiband zusammengehalten. Es ist ratsam, die Polarität der Hölzer vor dem Bündeln zu kennzeichnen, indem die oberen Schnittstellen kurz in flüssiges Baum- oder Kerzenwachs getaucht werden. So ist zum Stecktermin ganz einfach zu erkennen, wo oben und wo unten ist. Ganz nebenbei ist das auch eine wirkungsvolle Maßnahme, das Steckholz vor Austrocknung zu schützen.

Bis zum vorgesehenen Stecktermin werden die Hölzer kühl gelagert, am besten in einer PE-Tüte im unteren Bereich eines Kühlschrankes. Hin und wieder ist der Zustand der Reiser zu kontrollieren.

Stecken ins Freiland oder in Töpfe

Das Stecken der sich noch in absoluter Winterruhe befindenden Steckhölzer erfolgt im April ins Freiland. Der dafür vorgesehene

Fertig gebündeltes Gojisteckholz.

---

erdfeuchte Bodenbereich sollte aber zuvor aufgelockert werden. Die Reiser werden im Abstand von 10 cm so tief gesteckt, dass nur noch ein oder zwei Augen aus dem Boden herausschauen. Der erste Austrieb wird dann nach einigen Wochen erfolgen. Es kann auch direkt in Anzuchttöpfe gesteckt werden – das kann schon im Spätwinter unter Glas erfolgen.

Stecklinge

Stecklinge werden etwa ab Juni von den ausgewählten, frisch austreibenden Pflanzen geschnitten. Auch hier ist es ratsam, möglichst kräftige Triebe auszuwählen. Ihre Länge sollte 6–8 cm betragen, es müssen aber zumindest drei sich übereinander befindende Knospen vorhanden sein. Die Blätter im unteren Bereich werden abgeschnitten, jene im oberen Bereich sind gegebenenfalls um die Hälfte einzukürzen. So kann die Verdunstungsfläche verkleinert und die Wurzelbildung gefördert werden.

In Kokosfasersubstrat gesteckte Goji-Steckhölzer.

Nun werden die Stecklinge gut zur Hälfte in Anzuchterde gesteckt. Das Stecken kann in einen Kasten erfolgen oder direkt in 9 x 9 x 9 cm-Anzuchttöpfe. Beim Stecken in den Kasten können wesentlich mehr Pflanzen pro Flächeneinheit angezogen werden, beim Stecken direkt in Anzuchttöpfe entfällt das Pikieren.

Nach dem Stecken werden die Pflanzen geschützt aufgestellt, damit sie nicht austrocknen, bevor sie sich mithilfe neu gebildeter Wurzeln selbst mit Wasser versorgen können. Sehr geeignet ist daher ein Platz in einem Gewächshaus oder unter Folie.

Wer keinen Garten besitzt, der kann Stecklinge auch auf der Fensterbank in einem kleinen Topf mit Anzuchterde zum Bewurzeln bringen. Zusätzlich werden vier entsprechend lange Stöckchen in das Pflanzgefäß gesteckt und eine durchsichtige Haushaltsfolie darüber gezogen. So erhält man eine hohe Luftfeuchtigkeit, die das Bewurzeln der Stecklinge fördert. Gelegentlich muss gelüftet werden, damit sich keine Pilzinfektionen einschleichen. Auch übermäßige Nässe muss verhindert werden. Der Bewurzelungserfolg wird schon bald eintreten und ist an einem kräftigen Austrieb zu erkennen.

> ## HÄUFIGE FEHLER
>
> Stehen die Pflanzen an einem zu dunklen Ort, können sie vergeilen. Die Triebe schießen hoch, die Blattabstände vergrößern sich deutlich und schließlich knicken die Triebe um.

Absenker

Die Vermehrung durch Absenker ist einfach, wenn ausgewachsene Pflanzen vorhanden sind. Die für die Vermehrung ausgewählten langen peitschenförmigen Triebe werden auf den Boden heruntergebogen, der an dieser Stelle etwa 10 cm ausgehoben wurde. In dieser Vertiefung wird der Trieb fixiert, z. B. durch eine Drahtklammer. Dann wird der fehlende Boden mit feuchter Erde aufgefüllt und angedrückt. Derart im Frühjahr vorbereitet, wird sich der im Boden befindliche Abschnitt des Triebes bis zum Herbst gut bewurzelt haben. Dann kann der heruntergebogene Trieb abgeschnitten werden – aber darauf achten, dass der Schnitt an der richtigen Stelle vorgenommen wird,

Das Steckholz kann unter günstigen Bedingungen bereits nach einer Woche austreiben.

und zwar vor dem Bewurzelungsbereich auf der Seite der Mutterpflanze.

Der Vorteil dieser Art der Vermehrung liegt darin, dass recht schnell große Pflanzen produziert werden können, die man problemlos umpflanzen kann.

Rhizome

Eine weitere Möglichkeit der sortenechten Vermehrung liegt in dem Verpflanzen von Rhizomstücken. Ältere Gojipflanzen bilden lange Wurzeln, Rhizome. Werden die Pflanzen ausgegraben, können die Wurzeln in kräftige Stücke geschnitten und ausgepflanzt werden. Nach dem Austreiben bringen sie in der Regel schnell kräftige neue Pflanzen hervor.

Teilung

Im Laufe der Jahre überwuchert *Lycium barbarum* horstartig Bodenflächen. Diese Flächen können mit einem Spaten in kleinere Abschnitte zerteilt und die zurückgeschnittenen Pflanzen separat gepflanzt werden. So eine Teilung kann während des ganzen Jahres vorgenommen werden, vorzuziehen ist die Zeit der Vegetationsruhe.

Wild wachsende Gojipflanzen bilden schnell ein nahezu undurchdringliches Buschwerk, daher auch der Name Filzkraut.

Weiterkultur der Stecklinge

Einjährige Stecklinge werden in der Regel während der winterlichen Vegetationsruhe in 9-cm-Töpfe gesetzt und kräftig zurückgeschnitten. Es sollte ein nährstoffreiches Substrat verwendet werden, weil die Ausbreitung der Wurzeln auf das Volumen des kleinen Topfes beschränkt ist. Anschließend stellt man sie in vorbereitete Quartiere unter Folie oder Glas. Dabei sollte das Substrat stets leicht feucht sein, in heißen Sommern muss gewöhnlich häufiger gegossen werden.

Im Frühjahr beginnen die Pflanzen kräftig auszutreiben, und bis zum Herbst haben sich aus ihnen ansehnliche Pflanzen entwickelt, die bereits eine Größe von 50 cm oder mehr erreicht haben können. Die Kultur der verschulten Pflanzen kann

Der Gojipflanze zu Ehren findet in Ningxia jährlich ein Gojifest statt.

auch im Freiland erfolgen. In Baumschulen werden die Pflanzen allerdings häufig bis zum Herbst geschützt unter Folie gehalten, weil sich diese Maßnahme positiv auf den Zuwachs auswirkt.

Pflanzenschutz

Während der Kultur ist auf einen möglichen Befall mit Mehltau zu achten. Dieser sollte sofort bekämpft werden, damit im Quartier keine größeren Schäden entstehen. Das gilt auch für einen Befall mit tierischen Schädlingen. Geeignet sind dafür behördlich zugelassene Mittel. Hilfe und Ratschläge erteilt das zuständige Pflanzenschutzamt. Kommen Pflanzenschutzmaßnahmen grundsätzlich nicht in Frage, sollten für die Pflanzen zumindest optimale Wachstumsbedingungen geschaffen werden. Diese bestehen z. B. darin, Pflanzen nicht zu dicht aufzustellen, die Töpfe eher etwas größer zu wählen und gerade bei einer Kultur unter Folie für eine sehr gute Belüftung zu sorgen. Tritt dennoch einmal Mehltaubefall auf, sollten die befallenen Pflanzenteile unverzüglich abgeschnitten und fachgerecht entsorgt werden.

Weiterkultur der Jungpflanzen

Zur Freilandpflanzung im Herbst eignen sich zweijährige kräftige Pflanzen. Der Boden sollte vor der Pflanzung aufgelockert werden. Sehr magerer, sandiger Boden wird durch Humusgaben in Form von abgelagertem Kompost verbessert. Der Humus wird auf die Bodenoberfläche gestreut und anschließend leicht eingearbeitet oder er wird mit dem Erdaushub des Pflanzloches vermischt und dann zur Auffüllung verwendet. Nach der Pflanzung muss kräftig angegossen werden, sodass die Feuchtigkeit bis zum unteren Bereich der Wurzeln vordringen kann.

> ## WICHTIG ZU WISSEN
>
> Goji gehört ins Freiland. Doch auch Gärtner ohne Garten können Freude an der Pflanze haben, wenn sie in einem geräumigen Topf (mindestens aber 3 Liter) kultiviert und durch häufigeren Rückschnitt recht klein und kompakt gehalten wird.

Heckenpflanzung

Ist eine dichte Hecke gewünscht, pflanzt man die zweijährigen Pflanzen in einem Abstand von 30 cm. Um einen kräftigen, engen Wuchs zu erzielen, werden die Pflanzen vor oder gleich nach dem Einsetzen auf 20–30 cm zurückgeschnitten. Wurden zur Pflanzung bereits ältere, größere Pflanzen verwendet, wird trotz Rückschnitt gleich eine bereits höhere Hecke stehen bleiben.

Blühende und fruchtende Gojihecke.

Plantagenpflanzung

Steht genügend Fläche zur Verfügung, kann auch eine kleine oder größere Gojiplantage angelegt werden.

Die zur Bepflanzung vorgesehene Fläche wird zuvor bearbeitet, dabei muss zunächst der Boden durch geeignete Maßnahmen aufgelockert werden.

Gepflanzt wird in Reihen in einem Abstand von einem Meter. Der Abstand zwischen den einzelnen Reihen sollte so breit gewählt werden, dass jederzeit eine problemlose Begehung der Kulturfläche möglich ist, ebenso die spätere Ernte, auch bei älteren Pflanzen.

Ist der Einsatz landwirtschaftlicher Maschinen vorgesehen, muss der Reihenabstand danach ausgerichtet werden.

Nach der Pflanzung muss intensiv gewässert werden. Vor allem bei trockenen Böden sollte man sich vor der Pflanzung überlegen, wie bei lang anhaltender Trockenheit nach der Pflanzung Bewässerungsmaßnahmen durchführbar sind.

Ist das erste Jahr erst einmal verstrichen und haben sich die Pflanzen gut entwickelt, sind zusätzliche Bewässerungsmaßnahmen eher selten erforderlich.

Kübelpflanzung

Lycium barbarum kann problemlos als Kübelpflanze gehalten werden. Dazu pflanzt man zweijährige Pflanzen in ein etwa 3-10 l fassendes Pflanzgefäß. Als Substrat dient Kübelpflanzenerde. Die Pflanze kann dann im Freien, auf dem Balkon oder auf der Terrasse kultiviert werden. Eine gelegentliche Düngung ist erforderlich, da sich die Wurzeln nicht weiter ausbreiten können und auf den Inhalt im Pflanzgefäß angewiesen sind. In der kalten Jahreszeit muss der Kübel gegen starken Frost geschützt werden, weil die Kälte nicht nur von oben, sondern auch von den Seiten auf den Wurzelbereich einwirken kann. Geeignet ist beispielsweise das Eingraben des Topfes in den Erdboden. Ebenso ist eine kalte, frostfreie Überwinterung in einem Raum möglich.

Goji auf der Fensterbank

Gojipflanzen können auf einer Fensterbank erfolgreich kultiviert werden, wobei aber öfter zur Schere gegriffen werden muss, um den Wuchs zu bremsen. Schon junge Pflanzen können blühen und fruchten.

HÄUFIGE FEHLER

Fensterbank-Gojis stehen meistens auf Untersetzern. Bei überreichem Gießen kann sich das Wasser stauen und die Pflanze schnell vernichten.

Ernte und Verarbeitung

Die Früchte der Gojipflanze reifen über einen längeren Zeitraum vom Spätsommer

Hübsch und attraktiv: Gojipflanze in Kübelkultur.

bis in den Herbst. Geerntet werden die reifen, aber nicht überreifen Früchte. Das sollte vorsichtig erfolgen, damit die Beeren nicht beschädigt werden und dann verderben. Innerhalb des Reifezeitraumes muss mehrfach durchgepflückt werden.
Größere Ernten qualitativ hochwertiger Gojibeeren nehmen Großhändler gerne ab.

Gojifrüchte lagern

Zur Haltbarmachung frischer Gojifrüchte bieten sich verschiedene Verfahren an.
Sollen frische Früchte eingefroren werden, empfiehlt es sich, recht kleine Portionen in Tiefkühlbeutel abzufüllen. So müssen nicht alle Früchte aufgetaut werden, wenn nur ein Teil benötigt wird.
Frische, gewaschene saubere Früchte können zur Haltbarmachung auch getrocknet werden. Das kann im Freien in der Sonne erfolgen und einige Tage dauern – vorausgesetzt, das Wetter spielt mit. Ansonsten ist ein Dörrgerät oder ein Backofen angeraten. Letzterer sollte auf etwa 40 °C eingestellt sein und die Türe leicht geöffnet bleiben. Der Trockenvorgang kann einige Stunden dauern.

Gojiessig-Zubereitungen

> ## WICHTIG ZU WISSEN
>
> Werden getrocknete Gojifrüchte nach vielen Monaten in Wasser aufgequollen, ist ihre Konsistenz derjenigen frischer Früchte sehr nahe und sie sind von gutem Geschmack.

Die besten Goji-Rezepte

Gojibeeren lassen sich gut und vielfältig verarbeiten. Aus ihnen können Marmeladen bzw. Brotaufstriche und ein vitaminreicher Saft hergestellt werden, ebenso Aroma- oder Kräuteressig, Gojiwein und -sekt so-

wie Schokoladenzubereitungen. Auch die Blätter werden frisch oder getrocknet verzehrt. Für die folgenden Rezepte können auch frische Gojibeeren verwendet werden. Da sie aber seltener zu erhalten sind, werden getrocknete Gojibeeren verwendet.

Gojitee

Wir brauchen 1 l Wasser und 5 g getrocknete Gojibeeren.

Das Wasser zum Kochen bringen und dann die getrockneten Gojibeeren hineingeben und 5–7 Minuten köcheln lassen.
Der Tee kann über den Tag verteilt bei 3, warm oder auch kalt getrunken werden. Die Früchte kann man natürlich essen.

Hühnersuppe mit Gojibeeren

Wir brauchen 2 l Wasser, 1 küchenfertiges Suppenhuhn ohne Innereien (1200 g), Salz, 2 EL klare Delikatessbrühe (Pulver), 1 Bund Suppenkraut (2 Karotten, 1 Stange Lauch, ½ kleine Sellerieknolle, 1 Petersilienwurzel), 30 g getrocknete Gojibeeren.

Was dem Mensch gut tut, tut oft auch dem Tier gut: Es ist bereits Tierfutter mit Gojizusatz im Handel.

Lecker und kräftigend: Hühnersuppe mit Gojifrüchten.

Das Huhn unter kaltem Wasser abspülen und mit Haushaltspapier abtupfen. Wasser in größerem Topf zum Kochen bringen, die Delikatessbrühe hineingeben, das Huhn salzen und im zugedeckten Topf bei mittlerer Hitze ca. 2 Stunden kochen lassen.
Das Suppenkraut putzen, waschen, kleinschneiden und etwa 25 Minuten vor Ende der Garzeit mit den abgewaschenen Gojibeeren zusammen in den Topf geben. Nach der Garzeit die Haut des Huhns entfernen, das Fleisch von den Knochen lösen und wieder in den Topf geben. Die Suppe sofort heiß servieren.

Asia-Suppenzutaten mit Gojibeeren.

Früchtemüsli

Für 2–3 Personen brauchen wir 60 g Haferflocken, 30 g getrocknete Gojibeeren, 30 g Rosinen, 1 Apfel, 1 Kakifrucht, 50 g halbierte, möglichst kernlose Weintrauben (grüne, blaue und rote), 1 Orange, Milch (nach Bedarf), nach Geschmack etwas Honig.

Getrocknete Gojibeeren mit heißem Wasser übergießen und ca. 10 Minuten einweichen, dann die Früchte entnehmen und kurz abtropfen lassen. Während der Einweichzeit der Gojibeeren Apfel, Kaki und Weintrauben mit kaltem Wasser waschen. Beim Apfel das Kerngehäuse, die Blüte und den Stiel entfernen, bei der Kaki evtl. vorhandene Kerne. Apfel und Kaki in Stücke schneiden, die Schale der Orange entfernen, die Frucht in Spalten teilen und diese in Stücke schnei-

Rundum gesund: Früchtemüsli mit Gojibeeren.

den. Weintrauben halbieren. Alle Zutaten in eine Schüssel geben und gut miteinander vermischen, in Portionsschalen füllen und nach Belieben Milch zufügen. Wer es gerne süßer mag kann noch etwas Honig dazugeben. Früchte können je nach Saison und Geschmack variiert werden. Wer nur wenig Zeit hat probiert einfach die Version mit Haferflocken, Gojibeeren, Rosinen und Milch.

Goji-Quarkkuchen

Dazu brauchen wir 40 g getrocknete Gojibeeren, 40 g Rosinen, 150 g Butter oder Margarine, 120 g Zucker, 5 Eier, 1 Vanillezucker, 500 g Mehl, 1 Tütchen Backpulver, den Saft einer Orange, den Saft einer Zitrone, 230 g Quark, 200 ml Milch.

Goji-Quarkkuchen

Getrocknete Gojibeeren in heißem Wasser 10 Minuten einweichen, die Rosinen 5 Minuten in heißem Wasser einweichen. Butter, Vanillezucker und Zucker schaumig rühren, nach und nach die Eier dazugeben, alles kräftig durchrühren. Quark mit der Milch in einer weiteren Schüssel vermischen und zur übrigen Masse geben. Mehl und Backpulver sieben und auf den Quark geben, Orangen- und Zitronensaft ebenfalls beigeben. Alles gut durchrühren. Zum Schluss die abgetropften Gojibeeren und Rosinen vorsichtig unter die Teigmasse rühren.

Nun den Teig in eine gefettete Kuchenform füllen, im vorgeheizten Backofen auf die mittlere Schiene geben und bei 200 °C (Elektroherd) ca. 60–65 Minuten backen. Nach 15 Minuten Backzeit mit einem Küchenmesser einmal in der Mitte eine etwa 1 cm tiefe Kerbe durch den Kuchen ziehen. Den Kuchen vor dem Servieren mit Puderzucker bestäuben.

Warm serviert schmeckt der Kuchen besonders gut!

In Japan und China werden Gojiblätter gerne als Kochgemüse zusammen mit Schweinefleisch verzehrt.

WICHTIG ZU WISSEN

Rosinen können in vielen Rezepten ganz oder zu einem Teil durch Gojibeeren ersetzt werden.

Goji-Joghurt-Kokosmilcheis mit Haselnusssoße

Wir brauchen 40 g getrocknete Gojibeeren, 200 ml Sahne, 300 ml Kokosmilch, 2 Eigelb, 150 g Natur-Joghurt, die abgeriebene Schale von ½ unbehandelten Zitrone, 2–3 EL Agavendicksaft, 1–2 TL Steviapulver.

Getrocknete Gojibeeren 5–10 Minuten in heißem Wasser einweichen und abtropfen lassen. Die Sahne steif schlagen, das Eigelb, den Agavendicksaft, das Steviapulver und die Zitronenschale mit dem Mixer schaumig rühren, danach die Kokosmilch und den Joghurt zufügen und durchrühren. An-

Eine besondere Eiskreation von herrlichem Geschmack.

schließend die Sahne und die Gojibeeren unterheben und alles gut vermischen. In eine Kastenform – idealerweise eine Keramik-Backform – füllen und ins Gefrierfach des Kühlschranks stellen. Nach etwa 2–3 Stunden die Masse nochmals mit einer Gabel oder einem Löffel durchrühren und über Nacht im Gefrierfach belassen. Das Eis aus der Kastenform lösen, in Scheiben schneiden und mit der Haselnusssoße servieren. Für das Eis darf nur ganz frisches Eigelb verwendet werden.

Haselnusssoße

Wir brauchen 200 ml Sahnelikör (Kaffeelikör), 100 ml Sahne, 10 g Maisstärke, 10 g gemahlene Haselnüsse, etwas Wasser.

Den Sahnelikör mit der Sahne erhitzen, die Maisstärke mit etwas kaltem Wasser verrühren und unterrühren. Gemahlene Haselnüsse untermischen; die Soße warm oder kalt zum Eis servieren.

Gojischokolade

Wir brauchen 200 g Blockschokolade bzw. Kuvertüre (Milch- oder Zartbitter-Geschmack), ½ Tasse trockene, aber weiche Gojibeeren, ½ Tasse gehobelte Mandeln.

Die Schokolade in eine Kasserolle oder ein ähnliches Gefäß geben und darin in einem heißen Wasserbad erwärmen, bis sie sich verflüssigt. Jetzt werden die Gojibeeren in die Masse eingerührt, zur Geschmacksverfeinerung die gehobelten Mandeln hinzugeben. Die dickflüssige Masse anschließend langsam auf Backpapier gießen. Nach dem Abkühlen wird die Schokolade auf dem Backpapier in Stücke gebrochen, sie kann gleich verzehrt oder aufbewahrt werden.
Tipp: Ein optisch ansprechendes Ergebnis erzielt man, wenn die Schokoladenmasse in Alu-Pralinenförmchen gegossen wird.

Goji-Schokovariationen: So macht Naschen Spaß.

Pawpaw –
die Indianer-
banane

Die Gattung *Asimina*

Die ersten schriftlichen Zeugnisse über die Indianerbanane oder Pawpaw stammen von der Expedition des spanischen Seefahrers und Entdeckers Hernando De-Soto im Jahre 1541. Hierbei stieß man östlich des Mississippis auf amerikanische Ureinwohner, die die Pflanzen kultivierten.

Die Indianerbanane zählt zu den interessantesten Neueinführungen der bei uns im Freien kultivierbaren Obstarten. Ihre Besonderheit ist die hervorragende Kälte- und Frosttoleranz sowie der erstklassige Geschmack der reifen Früchte. Die Kultur dieser Obstart wird besonders in den Vereinigten Staaten gefördert.

Historisches

Die offizielle Artbezeichnung *Asimina triloba* (L.) Duna besteht seit 1817. Die Erst-beschreibung aus dem Jahr 1753 stammt jedoch von Carl von Linné und erschien in seinem berühmten Werk *Species Plantarum*. Er nannte sie *Annona triloba*. Die Bezeichnung „triloba" bezieht sich auf die Form der Blüten, die an einen dreieckigen Hut erinnern. In folgenden Jahren wurde die Pflanze noch von weiteren Wissenschaftlern beschrieben, da sie die gültige Erstbeschreibung nicht kannten oder jene als nicht identisch mit der von ihnen beschriebenen Art betrachteten. Genannt seien die ungültigen Bezeichnungen *Asimina virginiana*, *Uvaria triloba* und *Asimina campaniflora*.

> #### WICHTIG ZU WISSEN
> Bei der wissenschaftlichen Bezeichnung einer Pflanze hat die anerkannte Erstbenennung immer Priorität.

Asimina triloba, selten auch in Parks anzutreffen.

Namensvielfalt

Neben der Bezeichnung *Asimina* für diese Pflanzenart sind weitere volkstümliche Namen bekannt und regional in Gebrauch. Die bekanntesten sind Indiana- oder Indianerbanane, wobei erstere Bezeichnung offensichtlich darauf hinweist, dass die Pflanze im US-Staat Indiana angebaut wird, während die zweite Bezeichnung die Be-

kanntheit bei den Indianerstämmen belegt. Der Namensteil "banane" mag auf die Anordnung der Fruchtstände vieler Kultivare zurückzuführen sein, welche an die einzelnen "Hände" einer Bananenpflanze erinnern. Hinzu kommt der oft als bananenähnlich empfundene Geschmack des Fruchtfleisches.

Die Bezeichnungen Papau und Pawpaw weisen auf die vermeintliche Ähnlichkeit der Früchte mit Papayafrüchten hin, die allerdings einer anderen Pflanzenfamilie angehören und somit keine engere Verwandtschaft zur Familie der Annonaceae aufweisen, zu der die *Asimina* zählt.

Eine ältere Bezeichnung der Art ist "Dreilappiger Flaschenbaum". Weitere Namen sind Banango, The poor man`s banana (Banane der Armen) sowie Namen einiger US-Staaten, denen das Wort "Banana" angehängt wurde, zum Beispiel "Missouri-Banana" oder "Kentucky-Banana".

Die Heimat der Indianerbanane

Die Indianerbanane hat bei uns erst seit einigen Jahren einen gewissen Bekanntheitsgrad erreicht; dieser steigt zwar langsam, aber stetig. Das ist sicher der Tatsache zu verdanken, dass es sich hierbei um eine bis vor Kurzem noch bei den meisten Menschen völlig unbekannte Obstart handelt,

Indianerbanane, in den USA auch Banane der Armen genannt.

Reife saftige Früchte der Indianerbanane – das macht Appetit!

die mit unserem mitteleuropäischen Klima ausgesprochen gut zurechtkommt und außerdem winterhart ist. Sie bildet Früchte aus, die sehr schmackhaft sind und deren Ertrag pro ausgewachsenem Baum sich durchaus sehen lassen kann.

Die Heimat von *Asimina triloba* ist das östliche Nordamerika, die südliche Grenze verläuft etwa von Texas bis Florida, die westliche von Oklahoma, Missouri, Illinois, Indiana bis hinein nach Südkanada. Die Bandbreite der zur Kultur dieser Obstart geeigneten Klimazonen verspricht eine weitere Steigerung ihrer Bekanntheit und Beliebtheit. Sowohl deutlich unter –20 °C liegende Temperaturen als auch subtropische Sommerhitze machen der Pflanze nichts aus – ganz im Gegensatz zu ihrer Verwandten, der Cherimoya, die bekanntlich keine Kälte verträgt.

Arten der Gattung

Die Gattung *Asimina* schließt neben der wichtigsten Art *A. triloba* weitere Arten ein, die allerdings keine wirtschaftliche Bedeutung haben. Ihr Vorkommen beschränkt sich zumeist auf kleinere Gebiete. Folgend seien einige weitere *Asimina*-Arten und de-

ren natürliches Verbreitungsgebiet genannt. Im Gegensatz zur Indianerbanane behalten sie häufig ihr Laub. Ihre Früchte sind überwiegend wohlschmeckend mit cremigem, hellem Fruchtfleisch.

Arten der Gattung *Asimina*

A. angustifolia, die Schlankblättrige: Florida bis Alabama, *A. grandiflora*: achselständige Blütenbildung am Neuaustrieb, *A. incarna*, die Wollige: Florida, Georgia, *A. longifolia*, die Langblättrige, *A. obovata*, die Großblütige: Florida, *A. parviflora*, die Kleinblütige: kleine Früchte, Texas bis Virginia, *A. pygmea*, die Zwergige: recht kleine rötlichbraune Blüten, Triebe auch niederliegend, selten über 0,5 m hoch wachsend, Florida und Georgia, *A. reticulata*: weißliche Blüten, hell- bis blaugrüne ledrige Blätter, Florida und Georgia, *A. speciosa*: gelblichweiße Blüten mit großen Blütenblättern, *A.* x *nashii*: duftende Blüten bis 6 cm lang, weiß bis gelblich rosa mit bräunlichen inneren Streifen, blasse erhabene Lentizellen (kleine Holzausstülpungen).

Freistehende Pawpaw-Bäume haben einen pyramidenförmigen Wuchs.

Botanische Rarität

A. tetramera, die Vierblütenblättrige (Four-petal Pawpaw): Florida. Diese Pawpaw-Art ist vom Aussterben bedroht. Ihr größtes – und dennoch sehr geringes – Vorkommen mit mehreren hundert Exemplaren liegt um Palm Beach in Florida. Die Pflanzen sind oft in Privatbesitz. Die Art wächst als kleiner Baum oder Strauch, kaum größer als einen Meter. Sie besitzt die Fähigkeit, Wurzelausläufer zu bilden und aus dem Boden neu auszutreiben. Daher übersteht sie Kälte, die die oberen Pflanzenteile schädigt. Ebenso kann sie sich nach Flächenbränden regenerieren. Die länglichen, beerenartigen, bei Reife gelbgrünen Früchte haben einen angenehmen Bananengeschmack, während die Blüten unangenehm riechen.

Verwandtschaftliche Beziehungen

Hinsichtlich der Blattform und des Wuchses hat *Asimina triloba* eine deutliche Ähnlichkeit mit *Annona cherimola*. Auch der Geschmack der reifen Früchte beider Arten ähnelt sich. Was sie aber stark voneinander unterscheidet ist ihre vorhandene bzw. nicht vorhandene Toleranz gegenüber niedrigen Temperaturen. Die Indianerbanane ist bei uns völlig frosthart, während Temperaturen um den Nullpunkt für die Cherimoya schon äußerst bedrohlich sein können.

WICHTIG ZU WISSEN

Der Geschmack der Pawpaw erinnert an den reifer Cherimoyafrüchte. Viele Menschen sagen auch, sie schmecke nach einer Mischung aus Bananen, Mangos, Aprikosen und weiteren Tropenfrüchten und besser als Cherimoyas.

Asimina triloba

Asimina triloba ist ein sommergrüner Baum oder Strauch, der eine Höhe von 3–5 m erreicht, am Heimatstandort sogar bis zu 12 m. Typisch sind seine großen, kräftig grünen, wechselständig angeordneten länglich-spitzovalen hängenden Blätter. Die um 4 cm gro-

Die Verwandtschaft ist zu erkennen: oben Cherimoya, unten *Asimina*.

Blühender Zweig von *Asiminia*

ßen, dunkelvioletten Blüten erscheinen von April bis Mai; sie haben 3 Kelchblätter. Die samenreichen Früchte erinnern an Mangos oder Cherimoyas und können bis zu 16 cm groß werden. Sie reifen zwischen August und Oktober. Unreife Früchte können bei Zimmertemperatur nachreifen, wobei deren Stärkeanteil zu Fruchtzucker umgewandelt und die Konsistenz des Fruchtfleisches weich wird.

WICHTIG ZU WISSEN

Die Pawpaw ist nicht nur ein besonderes Obstgehölz, sie wächst auch sehr attraktiv und zeigt sich im Herbst mit gelbgoldenem Laub. Zudem ist sie kaum anfällig gegenüber Krankheiten und Schädlingen.

Sorten und Kultivare

In den USA sind über 80 Sorten der Pawpaw bekannt, bei uns in Europa beschränkt sich die Vielfalt auf einige wenige. Allerdings steigt der Bekanntheitsgrad dieser ganz besonderen Obstart stetig, auch dank der modernen Informationsmöglichkeiten. Wann immer Freunde besonderer Obstarten in den Genuss einer reifen Pawpawfrucht kommen kann mit recht großer Wahrscheinlichkeit gesagt werden, dass "ein neuer Pawpaw-Fan geboren" ist.

Das große Geheimnis

Es gibt inzwischen etliche "Asimina-Enthusiasten". Sie lieben den Geschmack der Früchte und geben ihr Wissen um den Standort dieser Pflanzen nur ungerne preis, wenn überhaupt.

Vielversprechende Kultivare

Die folgend genannten Kultivare (das sind kultivierte Sorten) zählen zu den besten hinsichtlich der Qualität der Früchte (nach Callaway, The Kentucky State list of cultivars, u. a.):

'Davis': kleine Früchte mit gelbem Fleisch, grüner Schale und großen Samen, guter Geschmack.

'KSU-Atwood': eine neue vielversprechende Sorte aus Kentucky.

Blüten bilden sich am vorjährigen Holz.

Asimina, mit goldgelbem Herbstlaub und Früchten.

'Mango': mittelgroße Früchte, nach reifer Mango schmeckend.

'Mary Foos Johnson': vergleichbar mit 'Sunflower' (siehe unten).

'Mitchell': mittelgroße Früchte mit goldfarbenem Fleisch, gelblicher Schale, ausgezeichneter Geschmack.

'Overleese': große Früchte, wenige große Samen, gelbes Fruchtfleisch, ausgezeichneter Geschmack.

'Prima 1216': große Früchte, sehr guter Geschmack, reichtragend, selbstfruchtbar.

'Prolific': große Früchte, gelbes Fleisch, ausgezeichneter Geschmack, spätreifend.

'Sunflower': mittelgroße Früchte, goldgelbes Fruchtfleisch, gelbliche Schale, wenig Samen, guter Geschmack, gewöhnlich selbstfruchtbar.

'Sweet Alice': mittelgroße Früchte, gelbes Fruchtfleisch, guter Geschmack.

'Taylor': kleine Früchte, gelbes Fruchtfleisch, grüne Schale, exzellenter, milder Geschmack.

'Taytoo': mittelgroße Früchte, gelbliches Fleisch, hellgrüne Schale, ausgezeichneter Geschmack, sehr fruchtbar.

'Wells': recht große Früchte, orangefarbenes Fruchtfleisch, grüne Schale, allerbester Geschmack.

Geerntete Früchte einer Sämlingspflanze.

Gelegentlich in Kultur finden sich auch Sorten wie: 'Convis', 'Ford Amend', 'Georgia', 'Green River', 'Belle', 'Hoberg', 'Itaca', 'IXL', 'Kentucky Wonder', 'Lady Di', 'Lynn's Favorite', 'Marla', 'Melela', 'NC-1', 'Nyomi's Delicious', 'PA-Golden1' (2,3,4), 'Rebeccas Gold', 'Ruby Keenan', 'SAA', 'Zimmermann', 'Sibley', 'Sunglo', 'Taytwo', 'Tollgate', 'Wilson', '421'.

Zufallssämlinge

Der Duft der Pawpawblüten ist für uns nicht sonderlich ansprechend. Das ist von der Pflanze auch gar nicht "gewollt", denn es sollen ja bestimmte Bestäuber angelockt werden, die für den Erhalt der Art sorgen – und das sind in erster Linie Insekten wie Aas liebende Fliegen und Käfer. In den USA legen Pawpawzüchter zuweilen verrottende Früchte oder vergammelndes Fleisch unter blühende Pflanzen, um viele solcher Insekten anzulocken und damit die Bestäubungsrate der Blüten zu erhöhen.

Stehen verschiedene Pawpawpflanzen in einem Gebiet, in dem eine Pollenübertragung untereinander noch möglich ist und verläuft die Bestäubung erfolgreich, bilden die Pflanzen Samen mit unterschiedlichen Erbinformationen.

Die Eigenschaften der aus diesen Samen heranwachsenden Pflanzen sind unterschiedlich. Das kann ihre Wüchsigkeit betreffen, ebenso die Dauer der Wachstumsphase, in der keine Blüten gebildet werden, oder die Blühfreudigkeit. Manche Pflanzen bilden nur kleine Früchte aus, bei anderen sind die Samen auf Kosten des Fruchtfleisches sehr groß und wiederum andere können besonders große, schmackhafte Früchte mit viel Fruchtfleisch ausbilden. Es können auch Pflanzen heranwachsen, die später in der Lage sind, ohne Fremdbefruchtung zufriedenstellende Früchte zu bilden.

Vom Sämling zur Sorte

Durch die Aussaat der Samen entstehen Sämlinge, die zufällig positive Eigenschaf-

Großfruchtige Pawpaw

ten aufweisen können. Solche Zufallssämlinge können selektiert werden. Die sortenechte Weitervermehrung dieser Pflanzen erfolgt ungeschlechtlich (xenovegetativ, d. h. durch Veredelung).

Hybriden

Kreuzt man unterschiedliche Arten miteinander, können Individuen entstehen, die die Eigenschaften von beiden Elternpflanzen in unterschiedlicher Gewichtung aufweisen. Auf diese Weise können gezielt Pflanzen angezogen werden, die die gewünschten Merkmale aufweisen oder diesen nahe kommen.

Die Hybridzüchtung erfolgt unter kontrollierten Bedingungen. Es muss ausgeschlossen werden, dass ein zufällig vorhandener Fremdpollen die Bestäubung verursacht. Die Bestäubung darf nur zwischen ausgewählten Pflanzen erfolgen, wenn gezielt bestimmte Bastarde (Hybriden) angezogen werden sollen.

Durch ein solches Anzuchtverfahren ist die Hybride *Asimina x nashii* Kral entstanden. Die Elternpflanzen waren *A. seciosa* und *A. longifolia*.

Gut zu wissen

Asiminia triloba ist ein äußerst vielseitiges Gehölz als:

- anmutig wachsender Parkbaum mit dekorativer Herbstfärbung,
- Obstgehölz für unser Klima,
- Quelle besonderer Substanzen, die das Wachsen von Tumoren hemmen können (Bellini, Montanari et al.: 1992, 2000),
- Ausgangsprodukt zur Herstellung von Pflanzenschutzmitteln.

Indianerbananen im Garten

Indianerbananen sind laubabwerfende kleine Bäume oder große strauchartig wachsende Gehölze, die bei Kübelkultur auf 1,50–2 m Größe gehalten werden, im Freiland hingegen erreichen sie eine Höhe von insgesamt 4–6 m.

Ihre langovalen, verkehrt eiförmigen Blätter können bei guten Wachstumsvoraussetzungen eine Länge von über 30 cm erreichen.

Herbstliche *Asimina triloba* in einem Arboretum.

Zerreißt man sie, verströmen sie einen sehr strengen, typischen, von vielen als nicht angenehm empfundenen Duft. Auch der Duft der braun-purpurfarbenen glockenför-migen Blüten ist für die menschliche Nase kein Erlebnis. Die Früchte, botanisch gese-hen sind es Beeren, haben eine Größe um 3–15 cm, wobei die Breite ein Drittel bis die Hälfte der Länge ausmachen kann. Die großen, grünen bis graubraunen Früchte können es auf ein Gewicht von 400–500 g oder mehr bringen.

Vermehrung

Indianerbananen lassen sich problemlos vermehren, jedoch sind einige Dinge zu beachten, die auf den folgenden Seiten er-läutert werden.

Anzucht aus Samen

Die Anzucht aus Samen ist die natürliche Art der Fortpflanzung von *Asimina triloba*. Die etwa 1–2 cm langen, leicht nierenför-migen braunen Samen sitzen zu zweit oder deutlich mehr, selten weniger, in einer rei-fen Frucht. Manche erinnern an Bohnen.

Beim Verzehr des Fruchtfleisches lassen sie sich recht gut herauslösen. Sie können auch mit einem Löffel aus der Frucht her-ausgetrennt werden. Manche reichtragen-den Pflanzen werden nur gehalten, um aus ihnen Samen zu gewinnen. Hierbei kommt es nicht auf die Fruchtqualität an, sondern vielmehr auf die Produktion von Saatgut. Die Samen werden dabei nicht einzeln he-rausgelöst, vielmehr legt man die Früchte in ein Gefäß und übergießt sie mit etwas Wasser. Nach einiger Zeit beginnt sich das Fruchtfleisch zu zersetzen und in Gärung überzugehen. Die breiige Masse wird mit einem Holz kräftig gerührt, sodass sich die Samen vom Fruchtfleisch trennen. Durch mehrfache Spülungen, wobei jedes Mal das überschüssige Wasser mit dem zersetzten Fruchtfleisch abgegossen wird, sammeln sich die Samen im Gefäß und werden gewaschen und langsam getrocknet. So können sie mehrere Monate aufbewahrt werden. Bei optimaler Lagerung bleibt die Keimfähigkeit über ein Jahr erhalten.

Die Samenanzahl und -größe pro Frucht variiert von Sorte zu Sorte.

Stratifikation

Vor der Aussaat muss die Keimruhe der Samen gebrochen werden.

Ist die Aussaat ins Freiland für April vorgesehen, müssen die notwendigen Vorbereitungen bereits im Dezember getroffen werden. Das zu diesem Zweck angewandte Verfahren wird Stratifikation genannt, wobei die Samen für eine Zeit der Kälte ausgesetzt werden. Mit dessen Hilfe soll die natürliche Lagerung der Samen im Boden bis zu deren Auflaufen nachempfunden werden. Sie werden dazu in feuchten mittelfeinen Quarzsand geschichtet und an einem kalten, sicheren Platz gelagert. Geeignet kann ein Ort außen am Hause sein. Wurden die Samen in einer Kiste geschichtet, wird diese abgedeckt, damit die Samen vor Nagetieren und starkem Frost geschützt sind. Hierzu eignen sich Nadelgehölzzweige, grobes Laub oder ähnliche Materialien. Wem ein kalter Schuppen, eine Laube oder eine Garage zur Verfügung steht, der kann auch dort die Samen stratifizieren. Für kleinere Mengen ist zudem die untere Schublade eines Kühlschrankes geeignet.

> ### WICHTIG ZU WISSEN
>
> Samen in Stratifikation sollten alle 2–3 Wochen kontrolliert werden, um bei einem möglichen Pilzbefall sofort handeln zu können und befallene Samen zu entfernen.

Es ist jedoch wichtig – gerade bei der Kühlschrankstratifikation – in gewissen Abständen die Samen auf Schimmelbefall zu kontrollieren. Dieser muss sofort beseitigt

Keimlinge nach etwa sieben Wochen.

Aussaat stratifizierten Saatgutes.

Sämlinge vor dem Pikieren.

oder im Gewächshaus ausgebracht. Dann ist man nicht vom Wetter abhängig und es kann während eines längeren Zeitraumes ausgesät werden.

Die stratifizierten Samen werden entweder in Kästen oder direkt in 9-cm-Anzuchttöpfe gesteckt. Weil die Pflänzchen Pfahlwurzeln bilden, sollten hohe Töpfe verwendet werden. Überlieger können später eingesammelt und dann erneut ausgesät werden. Da sie sich bereits im Prozess der Stratifikation befanden, dürfen sie nicht erneut getrocknet werden. Sie müssen bis zur neuerlichen Aussaat in feuchtem Sand gelagert bleiben. Achtung: Stauende Nässe lässt die Samen faulen.

WICHTIG ZU WISSEN

Keimende Pawpawpflanzen bilden als erstes eine Wurzel, die sich in den Boden hineinbohrt. Anschließend wird die Samenkapsel nach oben, über das Erdreich, geschoben. Nach einiger Zeit entwickeln sich daraus die ersten Keimblätter, die bereits photosynthetisch aktiv sind und für die Entwicklung der Pflanze sorgen. Nachdem sich die Folgeblätter ("Primärblätter") entwickelt haben, sterben die Keimblätter ab. Diese Art der Keimung wird oberirdische oder epigäische Keimung genannt. Im Gegensatz zur unterirdischen, der hypogäischen Keimung, wie sie z. B. bei Bohnen erfolgt. Hier verbleiben die Keimblätter in der Erde.

werden, weil anderenfalls die befallenen Samen verderben.

Nach erfolgreicher Stratifikation werden einige Samen bereits kleine Austriebe zeigen. Hierbei handelt es sich um die spätere Pfahlwurzel, die als erste erscheint. Die Aussaat erfolgt jetzt, Ende April, direkt ins Freiland. Der Boden muss locker und erdfeucht sein. Die Samen werden dazu im Abstand von 10 cm 2–3 cm tief in den Boden gesetzt. Anschließend vorsichtig angießen, der Boden darf nicht mehr austrocknen.

Es ist zu beachten, dass die Keimquote trotz Stratifikation sehr unterschiedlich sein kann. Nicht keimende, aber gesunde Samen können "überliegen". Diese Überlieger keimen dann oft erst im Folgejahr.

Überlieger

Da Pawpawsamen recht teuer sind und die Anzucht aufwendiger ist als bei vielen anderen Pflanzenarten, wird stratifiziertes Saatgut oft in Anzuchtbeete unter Folie

Vermehrung durch Veredelung

Pawpawsorten können nur vegetativ, das heißt ungeschlechtlich, vermehrt werden. Ungeschlechtliche Vermehrung bedeutet, dass die Pflanzen von einer einzigen Pflanze abstammen, also nicht von zwei Elternpflanzen. Das genetische Material der Tochterpflanze entspricht dem der Mutterpflanze. Diese Art der Vermehrung wird auch als Klonen bezeichnet.

Mit vegetativer Vermehrung wird allgemein die Pflanzenanzucht durch Stecklinge oder Steckholz in Verbindung gebracht. Doch lassen sich verschiedene Pflanzenarten – insbesondere Gehölze – auf diese Weise nicht vermehren. Sie bilden an der Schnittstelle keinen Kallus, der sich zu Wurzeln differenzieren lässt. Daher werden diese Pflanzen durch Veredelung vermehrt, ein Verfahren, das auch eine Art der ungeschlechtlichen Vermehrung ist.

WICHTIG ZU WISSEN

Verschiedentlich wird *Asimina triloba* „in vitro" (im Reagenzglas) erfolgreich vermehrt. Auch diese Art des Klonens ist eine Methode der vegetativen Vermehrung.

Was bedeutet Veredeln

Weil für das Veredeln zwei verschiedene Pflanzen erforderlich sind, wird dieses vegetative Vermehrungsverfahren „xenovegetative Vermehrung" genannt. „Xeno" stammt aus dem Griechischen und bedeutet „fremd". Die vegetative Vermehrung ist durch fremde Hilfe erfolgt. Diese fremde Hilfe ist der Wurzelstock, auf den die gewünschte Sorte, die Edelsorte, veredelt wird.

Die richtigen Unterlagen

Der Wurzelstock wird auch Unterlage oder Veredelungsunterlage genannt. Für Pawpawsorten wird hierfür der Sämling der Art verwendet, *Asimina triloba*. Bewährt haben sich zudem Unterlagenpflanzen, die aus Samen von Früchten der Sorten 'Sunflower' und 'Susquehanna' angezogen wurden. Denkbar als Unterlagen sind auch andere *Asimina*-Arten (siehe Seite 55 „Die Arten der Gattung"), wenn sie die Ausbildung be-

stimmter gewünschter Eigenschaften der so angezogenen Pflanzen hervorbringen. Das könnten eine geringere Wüchsigkeit und eine kürzere Zeit bis zum Vollertrag sein. Hierüber liegen bislang jedoch keine gesicherten Untersuchungsergebnisse vor. Als Unterlage verwendete Pflanzen sollten im Veredelungsbereich einen Durchmesser von 4–6 mm haben – jedenfalls dann, wenn die Chipveredelung oder das Okulieren angewandt werden soll. Das wären in unserem Klimabereich 2–4-jährige Unterlagen. Reiserveredelungen können auch an etwas dünneren Unterlagen vorgenommen werden. Geschickte Veredler schaffen es, auch weniger starke einjährige Unterlagen erfolgreich zu veredeln.

Veredelungsverfahren und Veredelungszeit

Zur Anzucht von Pawpawsorten haben sich verschiedene Veredelungsmethoden bewährt. Die Auswahl der vorzuziehenden Methode ist von vier Faktoren abhängig. Das sind:

1. die Veredelungszeit,
2. die Beschaffenheit der Unterlagen,
3. die zur Verfügung stehenden Edelreiser bzw. Edelaugen,
4. die Erfahrung des Veredlers.

WICHTIG ZU WISSEN

Edelreiser sind einjährige Triebe der zu vermehrenden Sorte.
Edelaugen sind Knospen, die sich in den Blattachseln der Edelreiser befinden.

Es liegen unterschiedliche Erfahrungsberichte vor, in denen bestimmte Zeiten und bestimmte Veredelungsverfahren für die Vermehrung von *Asimina triloba* empfohlen werden. Diese sind jedoch zumeist unter Berücksichtigung der örtlichen Gegebenheiten entstanden; anders ist es auch kaum möglich. Die meisten dieser Berichte stammen aus den Vereinigten Staaten, der Heimat der Gattung.

Veredelte Pflanzen können nach drei bis vier Jahren blühen und fruchten.

Hier in Mitteleuropa haben sich Veredelungsverfahren bewährt, die sich zum Teil von denen in den USA unterscheiden.

Reiserveredelung auf eine Unterlage

Von Reiserveredelung ist die Rede, wenn ein Triebteil der Edelsorte auf eine Unterlage veredelt wird. Dieses Verfahren wird gewöhnlich in der Vegetationsruhe vorgenommen, etwa zwischen November und März. Die Pflanze hat dann sämtliche Laubblätter abgeworfen.

Für den Veredelungserfolg ist es nicht von großer Bedeutung, in welcher Höhe die Unterlage veredelt wird. Grundsätzlich ist zu empfehlen, die Veredelung etwa 10-20 cm über dem Boden vorzunehmen. Das hat verschiedene Vorteile:

1. Der untere Bereich des Wurzelstockes hat einen größeren Durchmesser und ist daher als Veredelungsort besonders gut geeignet.
2. Bei der gesamten, nach der Veredelung heranwachsenden Pflanze handelt es sich um die Edelsorte. Auch Austriebe im unteren Stammbereich sind sortenecht.

Höher liegende Veredelungen können neben Nachteilen auch Vorteile haben. Diese können sein:

1. Vorteil:
Wird an älteren Veredelungsunterlagen höher veredelt, entsteht innerhalb kurzer Zeit ein entsprechend großer Baum einer Edelsorte, der schon sehr frühzeitig blühen und bei ausreichender Bestäubung auch fruchten kann.

2. Nachteil:
Wenn nach einigen Jahren der Veredelungsbereich gut verwachsen und nicht mehr ohne weiteres erkennbar ist, könnte bei unterhalb der Veredelungsstelle austreibenden Trieben nicht sicher zwischen edel und wild unterschieden werden.

Dieses Problem tritt übrigens auch beim Beschneiden alter Apfel- und Birnbäume auf.

Edelreiser

Edelreiser werden von den zur Vermehrung vorgesehenen Pflanzen geschnitten.

Beim Schnitt ist darauf zu achten, dass die Reiser deutlich erkennbare Knospen (Augen) aufweisen. Nur sie sind eine Gewähr dafür, dass die Veredelungen nach dem Anwachsen auch austreiben.

Die Indianerbanane hat die Eigenschaft, vornehmlich am letztjährigen (dem letzten) Austrieb kräftige Knospen auszubilden. Doch oft ist dieser Austrieb – gerade bei jüngeren Pflanzen – recht dünn und nur kurz und deswegen für kräftigere Unterlagen nicht geeignet. Hier greift man besser auf geeignetes Material zurück, das z. B. ältere Mutterpflanzen liefern können.

> ## HÄUFIGE FEHLER
> Bei dickeren, runden Knospen an Edelreisern handelt es sich gewöhnlich um Blütenknospen, die zum Veredeln nicht verwendet werden sollten.

Kopulieren mit Gegenzungen

Die Veredelungsunterlage sollte im Veredelungsbereich einen Durchmesser von ca. 4 mm haben. Das zur Veredelung vorgesehene Edelreis muss den gleichen Durchmesser aufweisen.

Die Unterlage wird in Veredelungshöhe mit einem Kopuliermesser schräg in einer Länge von 2 cm von unten nach oben abgeschnitten. Dabei entsteht eine Schnittfläche in Form eines Ovals mit einer Länge von 2 cm und einer Breite von 4 mm.

Anschließend wird die Schnittfläche, beginnend im oberen Drittel, vorsichtig auf 2 cm eingekerbt. So entsteht eine Lappung in Form einer Zunge.

Entsprechend wird das gleichstarke Edelreis vorbereitet. Hier erfolgt die Schnittführung allerdings von oben nach unten.

Zusätzlich sollte darauf geachtet werden, dass sich eine Knospe etwa in der Mitte der dem Schnitt gegenüberliegenden Seite befindet. Das ist deshalb wichtig, weil die Konzentration der Reservestoffe im Bereich der Knospen am höchsten ist. Daher wird durch diese Art der Schnittführung das spätere Anwachsen beider Veredelungspartner deutlich verbessert.

Nun wird, ebenso wie bei der Unterlage, das entstandene Oval eingekerbt. Hier beginnt man mit dem Schnitt im unteren Drittel und schneidet vorsichtig 2 cm nach oben. Wiederum entsteht eine Zunge, die derjenigen, die an der Unterlage geschnitten wurde, entgegensteht, die sogenannte Gegenzunge. Danach hat das Veredelungsverfahren seinen Namen bekommen.

Als nächstes wird das Edelreis in die erforderliche Länge geschnitten. Gemessen wird hier in Augen, das heißt, das Edelreis wird auf drei, maximal vier Augen zugeschnitten. Es hat dann eine Länge von 3–4 cm.

Nun werden beide Veredelungspartner zusammengebracht. Hierzu schiebt man die vorbereiteten Veredelungspartner so zusammen, dass ihre Zungen übereinander liegen. Meistens besteht danach schon eine Stabilität, die ein Auseinanderfallen der Veredelung verhindert.

b. Schnitt der Gegenzunge, ausgeführt am Edelreis.

c. Zusammengesteckte Veredelung.

a. Kopulationsschnitt an der Unterlage.

Fertige, verbundene Gegenzungen-Veredelung.

Wurde die Veredelung ordentlich durchgeführt, liegen die Rindenbereiche beider Veredelungspartner, die Kambien, deckungsgleich übereinander. Die Verwachsung findet im Bereich dieser Zone statt, und je mehr sie überlappen, desto besser sind die Anwachs-Chancen. Das ist auch der Grund für den Zungenschnitt. Auf diese Art entsteht eine besonders große Überlappungsfläche der Wachstumszonen.

Nun wird der Veredelungsbereich verbunden. Während man früher hierfür häufig Bast verwendet hat, sind heute spezielle Veredelungsgummibänder üblich. Sie zersetzen sich im Laufe der Zeit durch den UV-Anteil im Tageslicht und zerspringen dann. Daher ist es nicht mehr notwendig, nach dem Zusammenwachsen den Verband aufzuschneiden, um so ein Einschnüren oder gar Einwachsen zu verhindern.

Nachdem der Verband angelegt wurde, wird der Veredelungsbereich mit einem durchscheinenden Baumwachs überstrichen. Dadurch werden Verdunstungserscheinungen an den Schnittflächen und somit ein Vertrocknen des Edelreises verhindert. Natürlich muss auch die obere Schnittstelle des Edelreises mit einem Tupfen Baumwachs versehen werden.

Für das Verstreichen sollte man keine sogenannte künstliche Rinde verwenden. Diese ist in aller Regel dunkel eingefärbt und verhindert das Eindringen des UV-Lichtes. Somit wird das Veredelungsgummi nicht zerspringen und könnte später Einschnürungen verursachen.

Einige Gärtner verwenden statt des Baumwachses auch einen speziellen Veredelungsfilm. Dieses sehr dünne, stark dehnbare durchsichtige Kunststoffmaterial wird um den Veredelungsbereich gewickelt und schützt so gleichzeitig vor Verdunstungen. Es ist auch empfindlich gegenüber UV-Licht; daher ist gewährleistet, dass es sich später selbständig auflöst.

Wird die Veredelung nach dem beschriebenen Verfahren im Februar/ März vorgenommen, können frisch geschnittene Reiser

Indianerbananen-Früchte vor der Ernte im Herbst.

verwendet werden. Soll später, etwa bis Mai, veredelt werden, müssen die Reiser während der Vegetationsruhe geschnitten und bis zum Gebrauch kalt und verdunstungssicher gelagert werden.

Anplatten

Erfolgreiche Reiserveredelungen versprechen auch das Anplatten und Spaltpfropfen, zwei weitere Methoden, die im Folgenden kurz vorgestellt werden sollen.

Das Anplatten kann immer dann angewendet werden, wenn die Unterlage etwas dicker ist als das Edelreis.

Hierbei wird die Unterlage in gewünschter Höhe mit einer scharfen Gartenschere – nicht mit einer Ambossschere! – rechtwinklig abgeworfen und die Schnittstelle mit einem Veredelungsmesser sauber nachgeschnitten. Anschließend etwa 2 cm unterhalb der Schnittstelle einen schrägen Schnitt in einem Winkel von 45 Grad von oben nach unten in die Unterlage schneiden. Er sollte nicht tiefer als bis zur Mitte des Triebes eindringen. Danach von oben beginnend oberhalb dieses Einschnittes einen Span herausschneiden, dessen Breite der Breite des bereitliegenden Edelreises entsprechen soll.

Nun wird das Edelreis mit einem etwa 2,5 cm langen Kopulationsschnitt (Schrägschnitt) versehen, dessen unterer Bereich schräg angeschnitten wird. Das so vorbereitete spanförmige, 3–4 Augen lange Reis wird jetzt in die vorbereitete Unterlage geschoben, wo sie den zuvor entnommenen Span ersetzt, und wie schon beschrieben verbunden. Auch hier ist die Anwachsquote beachtlich.

> ## WICHTIG ZU WISSEN
>
> Das Veredelungsverfahren "Kopulieren mit Gegenzungen" ist eines der sichersten. Mit etwas Übung gelingt es meistens. Zum Üben sehr gut geeignet sind frische Weidentriebe.

Spaltpfropfen

Die Methode des Spaltpfropfens kann angewandt werden, wenn beide Veredelungspartner gleichstark sind oder bei einer etwas dickeren Unterlage.

Wie bei dem zuvor beschriebenen Verfahren wird die Unterlage abgeworfen. Anschließend wird mit dem Veredelungsmesser, von oben beginnend, ein etwa 2 cm langer Spalt in die Unterlage getrieben.

Das vorbereitete Edelreis wird an zwei sich gegenüber liegenden Seiten mit einem etwa 2 cm langen Kopulationsschnitt versehen. Hierbei entsteht ein Keil, der von oben in den geschnittenen Spalt an der Unterlage eingefügt wird. Die weitere Behandlung der Reiser erfolgt wie bei den zuvor beschriebenen Verfahren.

> ## WICHTIG ZU WISSEN
>
> Bei dünneren Edelreisern wird der Spalt nicht mittig geschnitten, sondern – abhängig vom Durchmesser des Edelreises – nach außen versetzt.

Augenveredelung oder Okulation

Im hiesigen Obstbau ist die Vermehrung von Obstbäumen durch Augenveredelung, auch Okulation genannt, gang und gäbe. Nicht so bei der *Asimina*-Veredelung. Das mag daran liegen, dass bei der Okulation kräftige, mindestens bleistiftstarke Unterlagen vorhanden sein müssen. Solche kräftigen Triebe entwickeln sich bei dieser Pflanzenart aber oft erst nach mehreren Jahren. Und da Okulationen in einjähriges Holz am besten anwachsen, sind die dickeren, mehrjährigen Triebe von *Asimina* weniger geeignet.

Entwickeln sich Jungpflanzen unter optimalen Bedingungen besonders gut und bilden kräftige Triebe, kann sicherlich auch okuliert werden. Doch die Regel ist das sicherlich nicht.

Wegen ihres dekorativen und kulinarischen Wertes sowie ihrer Frosthärte eignen sie sich hervorragend als Hausbäume.

a. Ausschneiden eines Chips aus der Unterlage.

b. Ausgeschnittener Chip aus Edelreis.

c. Ausgeschnittener Edelreis-Chip, eingesetzt in Unterlage.

d. Mit Veredelungsfilm verbundener Chip, fertige Veredelung.

Vorteile der Okulation

Die Augenveredelung weist allerdings verschiedene Vorteile auf: man benötigt nicht viele Reiser, weil nur ein Auge pro Veredelung benötigt wird, und die Anwachsquote ist hoch – optimale Durchführung natürlich vorausgesetzt.

Ein anderes, dem Okulieren ähnliches Verfahren wird in den USA häufiger angewandt. Es handelt sich um das sogenannte Chippen. Auch hierfür wird nur ein Auge benötigt. Es wird in Form eines Chips aus dem Edelreis geschnitten und anschließend in eine entsprechend vorbereitete Ausspa-rung an der Unterlage eingesetzt. Anschließend verbindet man den Chip und die Unterlage mit einem Veredelungsfilm oder Veredelungsgummiband.

Das Chippen kann theoretisch während des ganzen Jahres vorgenommen werden, es müssen allerdings geeignete, gut entwickelte Augen zur Verfügung stehen. Daher wird es vornehmlich vom Sommer bis zum Frühherbst praktiziert. Stehen winterlich geschnittene Reiser zur Verfügung die optimal gelagert wurden, kann auf das treibende Auge „gechippt" werden. Das erfolgt etwa im Mai, und das eingesetzte Auge wird noch im selben Jahr austreiben.

Weiterkultur der Jungpflanzen

Junge *Asimina*-Pflanzen sollten die ersten 3–4 Jahre in einem Pflanzgefäß gezogen werden. Sie wachsen sehr langsam und könnten im Freien übersehen und so Opfer eines Rasenmähers oder von Bodenbearbeitungsunternehmungen werden.

Kübelkultur

Die Pflanze bildet eine Pfahlwurzel; daher ist es ratsam, einen hochgebauten Topf zu wählen. Haben die Pflanzen ein Alter von 3–4 Jahren erreicht, sollte das ausgewählte Pflanzgefäß ein Volumen von etwa 10 Litern haben. Der Boden muss nährstoffreich sein bei einem pH-Wert um 5,5–7. Alkalisch reagierendes Substrat wie gekalkter Boden ist ungeeignet.

Während der Wachstumszeit wird mit einem handelsüblichen Dünger, der auch Spurenelemente enthält, gedüngt – am einfachsten, man gibt diesen ins Gießwasser. Noch einfacher ist die Verwendung eines 7-Monats-Langzeitdüngers. Hiervon werden im Frühjahr etwa 3 g/l Erdvolumen in die obere Bodenschicht eingearbeitet. Dann ist keine Extradüngung erforderlich.

Überwintert werden die Kübelpflanzen in einem ungeheizten Raum, oder der Topf wird einfach im Garten in den Boden eingegraben.

> ## WICHTIG ZU WISSEN
>
> Es sind bei uns bislang keine Krankheiten aufgetreten, die diese Pflanze schädigen. Allerdings können Nacktschnecken die Blätter junger Pflanzen anfressen.

Freilandkultur

Die Pflanze kann während der Vegetationsruhe jederzeit ins Freiland gepflanzt werden. Erfolgte die Anzucht in einem Container oder ist der Wurzelballen groß genug, kann zu jeder Jahreszeit gepflanzt werden. Insbesondere magerer, sandiger Boden sollte mit Kompostgaben verbessert werden. Ein kräftiges Angießen nach der Pflanzung ist immer notwendig.

Sofern die Möglichkeit besteht, sollten die Pflanzen in den ersten drei oder vier Jah-

Die Indianerbanane bildet eine ausgeprägte Pfahlwurzel.

Pikieren von Jungpflanzen. Typisch: die Pfahlwurzel.

Düngekegel als mineralische Langzeitdünger.

Er benötigt keinen Fremdpollen zur Ausbildung seiner vielen kleineren bis mittelgroßen Früchte.

Wegen der Früchte werden Zweige (Edelreiser) dieses Baumes von Asiminafreunden einfach abgeschnitten, um eigene Unterlagen damit zu veredeln. Einen Sortennamen hat diese Selektion (noch) nicht.

ren im Kübel kultiviert werden, um sie anschließend im Frühjahr ins Freiland zu pflanzen. Idealer Standort ist ein halb- bis vollsonniger Platz; letzterer ist vorzuziehen. Werden mehrere Pflanzen gepflanzt, sollte ein Mindestabstand von 3 m eingehalten werden.

Um eine kleinere (oder größere) Plantage anzulegen, werden die Pflanzen in zwei Reihen mit einem Mindestabstand von 3 m zueinander im Verbund oder versetzt gepflanzt. Zwischen diesen Doppelreihen sollte ein ca. 5 m breiter Streifen unbepflanzt bleiben; dadurch werden Pflegemaßnahmen, auch des Bodens, erleichtert, ebenso eine eventuell vorgesehene Bewirtschaftung der Fläche mit Maschinen.

Düngung

Bei Bedarf sollte eine Düngung mit einem üblichen Obstpflanzendünger erfolgen. Auch organische Substanzen wie abgelagerter Mist und Hornspäne sind bestens geeignet.

Kultiviert werden können alle Pawpawsorten. Es ist nicht gesagt, dass Sämlingspflanzen grundsätzlich minderwertige Früchte liefern und deshalb veredelt werden müssten. In Schleswig-Holstein steht z. B. ein inzwischen etwa gut 5 m hoher, aus Samen hervorgegangener Baum, der regelmäßig fruchtet und offensichtlich selbstfertil ist.

Die Ernte

Pawpawpflanzen aus Sämlingen benötigen etwa 4–7 Jahre, bevor sie blühen und fruchten, veredelte oft nur 3 Jahre. Allerdings ist die Unterlage zum Zeitpunkt der Veredelung gewöhnlich bereits mindestens 2 Jahre alt.

Reif oder unreif ernten?

Der beste Erntetermin liegt für die meisten Sorten im September und Oktober, für einige auch im November. Geerntet wird vor dem Frost. Am besten schmecken die Früchte, wenn sie auf leichten Druck etwas nachgeben. Sie können auch noch einige Tage aufbewahrt oder tiefgekühlt gelagert werden. Einmal aufgetaut, muss man sie sofort verzehren.

Eine Lagerung über mehrere Wochen ist möglich, wenn die Früchte nicht bei Verzehrreife geerntet wurden, sondern bereits einige Tage zuvor. Sie geben auf Druck dann noch nicht nach. Die Lagertemperatur sollte hierbei 3–5 °C betragen. Vor dem Verzehr müssen sie einige Zeit bei Zimmertemperatur liegen, wobei sie nachreifen können.

Prüfung der Fruchtreife

Reife Pawpawfrüchte gelten frisch als wahre Delikatesse.

Die besten Pawpaw-Rezepte

Pawpaw-Gewürzkuchen

Dazu brauchen wir für den Teig 150 g Butter, 120 g Zucker, 90 g braunen Zucker, 2 Eier, 300 g Mehl, 1 TL Salz, 1 ½ TL Weinstein-Backpulver, ¼ TL Zimt, 1 TL gemahlene Vanille, 1 TL gemahlenen Muskat, 2 TL gemahlenes Piment, ¼ TL gemahlene Nelken, 3 Tassen reifes Pawpaw-Fruchtfleisch, Saft einer frisch gepressten Zitrone, 40 g Sonnenblumenkerne, 50 g gehackte Walnüsse und zum Schluss 120 g Rosinen.

Für den Zuckerguss brauchen wir 90 g Butter, 250 g Frischkäse, 2 TL gemahlene Vanille, 200–250 g Puderzucker (je nach gewünschter Konsistenz), ¼ TL gemahlene Muskatnuss, ½ Tasse Pawpaw-Fruchtfleisch.

WICHTIG ZU WISSEN

Pawpaws sind eine Delikatesse – frisch verzehrt oder zu Vielerlei verarbeitet. Möge die Pflanze aus ihrem Dornröschenschlaf erweckt werden!

Für den Teig die Pawpawfrüchte schälen oder halbieren, die Kerne entnehmen, das Fruchtfleisch pürieren, mit etwas Zitronensaft beträufeln und beiseite stellen. Weiche Butter und Zucker cremig schlagen, die Eier dazugeben und verrühren bis die Mischung eine leicht helle Farbe annimmt. Mehl, Salz und Backpulver sieben und zusammen mit den anderen Gewürzen in die Buttermischung einrühren. Alles gut 3 Minuten durchrühren. Das Pawpaw-Fruchtfleisch mit dem Saft der Zitrone mischen und unter die Backmischung rühren. Die gehackten Walnüsse und Sonnenblumenkerne in einer heißen Pfanne ohne Fett unter ständigem Umrühren für ca. 3 Minuten kurz anrösten, aber nicht braun werden lassen. Diese Mischung und die Rosinen mit der übrigen Teigmasse vermengen. Anschließend wird die Masse gleichmäßig auf einem leicht eingefetteten, tiefen Backblech (ca. 42 cm x 29 cm x 4 cm) verteilt und im vorgeheizten Backofen bei 180 Grad (Elektroherd) für 40–45 Minuten auf mittlerer Schiene gebacken.

Für den Zuckerguss mischen Sie die Butter, den Frischkäse und die gemahlene Vanille. Dann den Puderzucker, das Muskatnusspulver und das Pawpaw-Fruchtfleisch in einer anderen Schüssel gut miteinander verrühren, zu den übrigen Zutaten geben

Pawpaw-Gewürzkuchen: Das Geschmackserlebnis entschädigt für die aufwendige Zubereitung.

und nochmals alles gut durchrühren. Den Zuckerguss anschließend auf dem gebackenen Kuchen verteilen, in rechteckige Stücke schneiden und servieren.

Pawpaw-Mixgetränk

Erfrischend fruchtig: das Pawpaw-Mixgetränk.

Dazu brauchen wir 1–2 große reife Pawpawfrüchte, 1 reife Banane, 200 g eingelegte und entsteinte Pflaumen (aus dem Glas), 200 ml Pflaumensaft, 150 g Naturjoghurt.

Pawpaw halbieren, Kerne entnehmen, das Fruchtfleisch mit einem Löffel herauslösen. Die Banane schälen und in Stücke schneiden. Nun die Pflaumen abtropfen lassen, alle Früchte pürieren, in eine Schüssel geben und mit 200 ml Pflaumensaft auffüllen. Den Joghurt dazu geben und alle Zutaten mit einem Mixer glatt rühren. Schmeckt als Sofortgetränk oder aber auch gut gekühlt.

Pawpawcreme mit grünem Pfeffer und Schafskäse

Wir brauchen dazu für 2 Personen 200 g Fruchtfleisch von reifen Pawpaws, Zitronensaft, 100 g Sahne, 2 TL Cointreau, 200 g Schafskäse, 2 TL frische oder eingelegte grüne Pfefferkörner, 2 Rispen rote Johannisbeeren, 2 Orangenscheiben.

Die Pawpaws halbieren und alle Kerne entnehmen. Das Fruchtfleisch mit einem Löffel ausheben und mit etwas Zitronensaft beträufeln. Sahne steif schlagen, mit dem

Ungewöhnliche Variante: Pawpawcreme mit Schafskäse.

Fruchtfleisch und dem Cointreau cremig rühren. Schafskäse in zwei Portionen teilen. Jeweils 1 Portion mit Pawpawcreme auf einem Teller anrichten und je 1 TL grüne Pfefferkörner über die Creme streuen. Den Teller mit Johannisbeerrispe und Orangenscheibe garnieren und als Vorspeise servieren.

und mit den gehackten Pistazien bestreut als Dessert servieren.

WICHTIG ZU WISSEN

In einigen Südstaaten der USA ist Pawpaw auch als Eiszubereitung beliebt.

HÄUFIGE FEHLER

Pawpaws sollten nicht mehr verzehrt werden, wenn sie überreif und bereits in Gärung übergegangen sind.

Pawpawcreme mit Orangensaft und Pistazien

Wir brauchen für 2 Personen etwa 200 g reifes Pawpaw-Fruchtfleisch, etwas Zitronensaft, 100 g Sahne, 1 Tütchen Vanillezucker, 3 EL Orangensaft, 2 TL gehackte Pistazien.

Die Pawpaws entweder schälen oder halbieren und entkernen, das Fruchtfleisch mit etwas Zitronensaft beträufeln. Sahne schlagen, mit dem Fruchtfleisch, Vanillezucker und dem Orangensaft zu einer cremigen Masse verrühren. In zwei Schälchen füllen

Dessert aus Indianerbanane

Sahnereis mit Pawpaw-Himbeersoße

Wir brauchen für den Sahnereis für 4 Personen 100 g Rundkornreis (Milchreis), 1 l fettarme Milch, 1 Prise Salz, 1 g Steviapulver, 100 ml Sahne.

Für die Himbeersoße brauchen wir 100 g Pawpaw-Fruchtfleisch, 100 g Himbeeren, 10 g Maisstärke, ⅛ l Wasser, 1 g Steviapulver.

Den Reis mit der Milch und dem Salz unter ständigem Rühren aufkochen. Bei kleiner Hitze mit geschlossenem Deckel und unter gelegentlichem Umrühren langsam kochen lassen. Das Steviapulver unterrühren, den Reis ausquellen und dann abkühlen lassen. Sahne steif schlagen und leicht unter den Reis heben. In kleine Schälchen verteilen. Für die Soße die Pawpawfrüchte schälen, Kerne entfernen, das weiche Fruchtfleisch mit einer Gabel zerdrücken, mit den Himbeeren und dem Steviapulver in einem Topf mit dem Wasser erhitzen. Die Maisstärke mit etwas kaltem Wasser mischen, in die Masse einrühren und so die Fruchtsoße binden. Den warmen Milchreis mit der heißen Soße oder als Kaltspeise servieren

Für das Stevia-Gewürzgurkenrezept Var. I auf Seite 32 bedanken sich die Autoren bei Daniel Killy.

Die besondere Konsistenz des Fruchtfleisches erlaubt die Zubereitung vieler kulinarischer Köstlichkeiten.

Sahnereis mit Pawpaw-Himbeersoße, gesüßt mit Stevia.

Häufig gestellte Fragen

Ich habe keinen Garten. Kann ich Stevia auch im Wohnzimmer halten?

Stevia benötigt zum Wachsen Sonnenlicht, nur so kann die zum guten Gedeihen notwendige Energie erzeugt werden. Diesen Vorgang nennt man Photosynthese. Erfolgt die Kultur hinter einem Fenster auf einer Fensterbank, durch das ausreichend Licht einfallen kann, ist eine Kultur möglich. Natürlich muss regelmäßig gedüngt und gegossen werden, weil die Ausdehnung des Wurzelwerkes auf das Volumen des Topfes beschränkt bleibt.

Warum kann ich kein Steviapulver zum Süßen kaufen?

Stevia fällt in der EU unter die sogenannte Novel-Food-Verordnung und kann deshalb nur nach umfangreichen und erfolgreichen Prüfungen als Lebensmittel bzw. als Nahrungsergänzungsmittel zugelassen werden. Da die Prüfungen für Stevia noch nicht abgeschlossen waren, ist eine Zulassung bislang nicht erfolgt. Aufgrund inzwischen vorliegender Gutachten steht aber offensichtlich eine Zulassung kurz bevor.

Ist Steviapulver gesünder als künstliche Süßungsmittel?

Andere auf dem Markt befindliche künstliche Süßungsmittel sollen unter Berücksichtigung des jeweils festgelegten ADI-Wertes unbedenklich sein. Dieser Wert sagt aus, wieviel eines Stoffes täglich ohne Gesundheitsbedenken aufgenommen werden darf. Da es sich bei Steviasüße im Gegensatz zu künstlichen Süßmachern um ein Naturprodukt handelt, würden es viele Verbraucher bei vorliegender Zulassung vorziehen. Daher ist schon jetzt ein erbitterter Kampf um den (zukünftigen) EU-Steviamarkt entbrannt. Hier wird mit härtesten Bandagen gekämpft – und nicht immer fair.

Kann ich mir weißes Steviapulver selbst herstellen?

Werden getrocknete Steviablätter ganz fein zerstoßen, entsteht ein grünes Pulver, das hervorragende Süßungseigenschaften aufweist. Bei reinweißem Pulver handelt es sich zumeist um Steviosid, dem Stoff, der die Steviasüße ausmacht. Dieser wird durch besondere Verfahren aus den Blättern extrahiert. Für den Verbraucher ist der Aufwand zu groß und nicht lohnend.

Ich habe gehört und auch gelesen, Goji sei giftig und hieße darum Teufelszwirn. Stimmt das?

Schon vor über hundert Jahren wurde dieses Gerücht widerlegt, doch bis heute haben deutschsprachige Autoren es fälschlicherweise immer wieder übernommen. Richtig ist, dass Gojibeeren besonders gesund sind. Viele Asiaten führen ihr besonders hohes Alter bei ausgezeichneter Gesundheit auf den lebenslangen Verzehr von Gojibeeren zurück. Daher wird Gojibeeren auch vielerorts nachgesagt, sie seien ein Super-Nahrungsmittel.

In einer nahegelegenen Stadt habe ich eine verwilderte Gojihecke entdeckt. Kann ich mir davon Ableger machen?

An einfachsten ist es, von langen Trieben im Winter Steckhölzer zu schneiden und sie im Frühjahr in die Erde zu stecken. Die meisten Steckhölzer werden Wurzeln schlagen und kräftig wachsen. Die Pflanzen gedeihen zwar in fast jedem Boden, besonders große Früchte erntet man aber in nährstoffreicher Erde.

Wie kann ich selbst geerntete Goji-beeren aufbewahren?

Am einfachsten ist es, die Früchte zu trocknen – vergleichbar mit Weintrauben, die man getrocknet Rosinen nennt. Zum Verzehr oder zur Weiterverarbeitung können sie zuvor für eine kurze Zeit in warmes Wasser gelegt werden.

Warum erfahre ich erst jetzt aus diesem Buch von der hochinteressanten Pawpawfrucht bzw. Indianerbanane?

Es gibt immer noch interessante Pflanzen, deren Bekanntheit oder deren Anbau und Nutzung sich nur auf ein bestimmtes Gebiet beschränkt. Treten dann Umstände ein, – z. B. positive Presseberichte – die sie in weiten Teilen der Welt bekannt und begehrt machen, wird eine Nachfrage ausgelöst. Und stellt sich dann heraus, wie im Falle der Pawpaw oder Indianerbanane, dass die Pflanze einen besonderen Nutzwert hat und bei uns problemlos wächst, steht ihrer Einführung nichts mehr im Wege. In diesem Stadium befindet sich derzeit die Indianerbanane.

Wie lange dauert es, bis ich von meiner Pawpawpflanze Früchte ernten kann?

Die Pflanze sollte etwa vier bis sechs Jahre alt sein, um zu fruchten. Es kann durchaus sein, dass eine Sämlingspflanze fruchtet, ohne Fremdbestäubung. Auch sogenannte Selbstbestäuber sind aus Sämlingsselektion hervorgegangen. Sicherer ist das Pflanzen von mindestens zwei Pflanzen. Bei veredelten Pflanzen kann ein erstes Blühen und Fruchten auch schon nach drei oder vier Jahren erfolgen.

Ist der Geschmack der Indianerbanane wirklich so gut?

Geschmacksempfinden ist zwar subjektiv, aber ich kenne niemanden, der den Geschmack einer reifen Pawpawfrucht nicht lobte. Manche sagen, sie schmecke nach Mango und Banane oder Ananas. Ich persönlich vergleiche den Geschmack gerne mit dem der Cherimoya, einer Frucht aus einer verwandten Gattung – wirklich köstlich.

Kann man die in diesem Buch beschriebenen Trendpflanzen auch im Kübel halten, wenn man keinen Garten, sondern nur einen Balkon besitzt?

Die Zuckerpflanze Stevia kann i.d.R. nach den Eisheiligen (Mitte Mai) bis Mitte September im Topf im Freien stehen. *Lycium barbarum*, die Gojipflanze, kann ganzjährig im Kübel (ca. 10 l) im Freien stehen, genau so wie die Indianerbanane. Im Winter sollten die Kübel gegen starken Frost geschützt werden. Geeignet ist das Abdecken mit Nadelgehölzzweigen oder ein Umwickeln der Kübel mit Noppenfolie.

Informationen

Adressen

Südflora Peter Klock
Stutsmoor 42, D-22607 Hamburg
www.suedflora.de
(Steviapflanzen, Gojipflanzen,
Pawpawpflanzen, Produkte)

Medherbs
Möwenstr. 22, D-65201 Wiesbaden
www.medherbs.de
(Steviaprodukte)

Konfitee Lars Grossmann
Bahnhofstr. 12, D-29690 Schwarmstedt
www.goji-plantage.de
(Gojiprodukte, Stevia)

Logo - Proform
Birkenstrasse 16, A-5300 Hallwang
www.proform.co.at
(Steviaprodukte)

Praskac GmbH
Praskacstraße 101-108, A-3430 Tulln
www.praskac.at
(Pawpawpflanzen)

Eisenhut Vivaio
CH-6575 San Nazzaro TI
www.eisenhut.ch
(Pawpaw- u. Gojipflanzen)

Reisenberger GmbH
Stuttgarterstraße 2, A-2380 Perchtoldsdorf
www.eubiotica.at
(Steviaprodukte)

Weitere Informationen erhalten Sie von den
Autoren Monika und Peter Klock,
Stutsmoor 42, D-22607 Hamburg,
Tel. +49 40 8991698, suedflora@aol.com.

Bücher zum Thema

Alberternst, Beate u. a.
**Der Botanische Garten der
J. W. Goethe-Universität
Frankfurt am Main:
Ein illustrierter Führer**
BOD Gmbh, 2008

Klock, Peter
Das Kübelpflanzenbuch
avBuch, Wien 2010

Klock, Peter
**Hecken, Variationen
für jeden Garten**
avBuch, Wien 2010

Klock, Peter
Veredeln
BLV Buchverlag, München 2010

Klock, Peter
Richtig schneiden im Garten
avBuch, Wien 2009

Simonsohn; Barbara
**Stevia sündhaft süß
und urgesund**
Windpferd-Verlag, Aitrang, 2010

Wagner, H.
**The Sweet Principles
of Stevia rebaudiana**
Academy-Press, London, 1985

Wollnik, George
**Stevia rebaudiana -
Sweeter than Sugar!**
Wollnik, Brisbane, 1997

Register

Die neue Ratgeber-Reihe auf einen Blick

✘ Kompetente Praxisinformationen von Experten
✘ Attraktives Layout
✘ Exzellentes Preis-Leistungs-Verhältnis
✘ Kurze Texte, leicht verständlich erklärt

je Exemplar
€ 10,95

Dahlien
pflanzen und pflegen

ISBN 978-3-7040-2359-9

Das Anti-Schnecken-Buch

ISBN 978-3-7040-2322-3

NEU

Gräser und Farne
Grüne Oasen für Sonne und Schatten

ISBN 978-3-8404-7903-8

NEU

Hortensien
Farbenpracht für jeden Garten

ISBN 978-3-8404-7902-1

Garten-Pflanzen vermehren

ISBN 978-3-7040-2324-7

Kleine Bäume
für kleine Gärten

ISBN 978-3-7040-2326-1

NEU

Trend-Pflanzen –
Stevia, Goji, Indianerbanane
Anbau, Ernte, Verwendung

ISBN 978-3-8404-7904-5

NEU

Pfingst-rosen
Die schönsten Stauden- und Strauchpäonien

ISBN 978-3-8404-7901-4

Zimmer-Gärten
gestalten und genießen

ISBN 978-3-7040-2410-7

Orchideen für Anfänger

ISBN 978-3-7040-2358-2

Richtig schneiden im Garten

ISBN 978-3-7040-2325-4

Gift-Pflanzen
Richtig erkannt – Gefahr gebannt

ISBN 978-3-7040-2420-6

Hecken
Variationen für jeden Garten

ISBN 978-3-7040-2411-4

Spezial-ausgabe
€ 19,90

Klima-wandel
Nutzen und Risiko für den Hausgarten

ISBN 978-3-7040-2355-1

Stauden
Kombinationen für jeden Garten

ISBN 978-3-7040-2361-2

Wege und Terrassen
planen und bauen

ISBN 978-3-7040-2360-5

Vorgärten
einladend gestalten

ISBN 978-3-7040-2375-9

Das Kübel-Pflanzen-Buch

ISBN 978-3-7040-2377-3

Duft-Pelargonien
auswählen und genießen

ISBN 978-3-7040-2380-3

Wild-Kräuter
in Natur und Garten

ISBN 978-3-7040-2323-0

Wohlfühl-Balkone
gestalten und genießen

ISBN 978-3-7040-2327-8